よくわかる

資産運用入門

マイナビ

はじめに

資産は自分で作り自分で増やしていく

「資産運用や投資は、お金がある人が行うもの」「自分には運用できる資産がないので、投資には無関係」などと思っている人も多いかもしれません。

お金や資産は、何もしなければ増えることもなければ、減ることもありません。つまり自分で増やそうとしない限りは、いつまでたっても「無関係」のままなのです。

毎月仕事で得た収入も「資産」です。一部を投資や運用に回し、能動的に資産をつくるコツを、本書では紹介しています。すべてを生活のために消費せず、少しずつでも運用などに回していくことで、お金を自分で増やせるサイクルができあがっていくでしょう。

まずは少額投資で資産運用を経験する

株式や投資信託などの金融商品は、100円や1000円という少額ではできないと思ってはいないでしょうか。

そんなことはありません。少額からでも投資は可能です。

少額でも、投資や運用に回せば、時間の経過とともに積み上がり、運用実績などが得られるので、5年、10年、20年と時間がたてば、思わぬ資産が形成されている可能性があるのです。

また、少額からの投資で資産運用に慣れておけば、将来的に潤沢な運用資金が確保できたときに、より効果的な運用を考えることも可能となります。

スマホのアプリで簡単に始められるものも

少額投資に明確な定義はありませんが、一般的には１万円以下の金額から始められる投資のことを指します。投資経験がない人や資金が少ない人でも簡単に始められます。

現在では１００円から投資できたり、スマホのアプリで手軽に始められるものもあります。

株式や投資信託のほか、ＦＸ（為替証拠金取引）や株価指数や商品（原油・金など）のＣＦＤ（差金決済取引）など、幅広い運用商品があるのです。

どんな運用方法があるかを知るのが、一歩になります。まずは、自分で無理のない方法で始めてみましょう。

少額投資のメリットとデメリットを知っておく

少額投資の最大のメリットは、まとまった資金を準備する必要がないということです。のみならず、少額からの投資のため損失も少ないという点や、実際に投資を行うことで、自分自身に投資のスキルを身に付けることができることも、メリットです。

反対に、投資金額に比例して得られる利益も少ない、短期で大きな収益は上げられない、取引できる銘柄や時間などに制約がある、取引によっては割高な手数料を負担することになる……などのデメリットも、いくつか頭に置いておきましょう。

いずれにせよ、投資や資産運用は、今後の生活には欠かせないものとなります。まずは少額からでも、自ら積極的に取り組んでみることが重要といえるでしょう。

一生暮らすのに必要な生活費の総額はいくら？

長生きすればお金もかかる

人の一生には、どれだけのお金が必要なのでしょうか。

ある銀行の調査では、**生涯で必要なお金は一世帯あたり3億円**にも上るとのこと。

これは65歳までに1億9千万円必要で、65歳以降にゆとりある生活を送るために1億1千万円、合計で3億円という計算です。

この金額は家庭によっても異なりますし、家族構成によっても変わります。とはいえ、老後資金まで含めると最低でも1億円、場合によってはそれ以上の金額がかかることは必須です。

また現代は医療技術の進歩、食生活の改善などにより、長生きする可能性が

教育費（3～18歳）

すべて国公立の場合
約**541**万円

幼稚園（3年間）	小学校（6年間）	中学校（3年間）	高校（3年間）
約158万円	約959万円	約422万円	約291万円

高くなっています。そのため、手元のお金は多ければ多いほど安心です。

人生の4大支出にいくらかかる？

大きな費用がかかることから**「人生4大支出」**といわれているのがこちらです。

①住宅費
②子どもの教育費
③生命保険料
④老後の生活費

住宅費も教育費も、一般的には数千万円かかるといわれています。また、日本では生命保険に加入する人が多く、毎月2万円の保険料を30年払うとすると、合計は720万円もの支出となります。

結婚や出産など、人生の大きなイベントにおいては、まとまった金額が必要となります。さらに、老後の生活に必要なお金や、万が一の備えも忘れていけません。

そのためには、目標を決めてお金を準備することが大切です。

子どもの

すべて私立の場合
約1,830万円

幼稚園（3年間）	小学校（6年間）	中学校（3年間）	高校（3年間）
約65万円	約193万円	約146万円	約137万円

貯めるだけでなく増やすことが大切

　このように、一生にかかる生活費の総額を考えてみると、これまで労働した分の収入を預貯金だけで運用していてはとても追いつかない金額であることがわかります。気が遠くなってしまうほどの金額を前に不安を抱える人も少なくないのでは?

　そこで、資産を運用する、つまり「**お金に働いてもらう**」ことが必要となるのです。

　資産運用とは、株式や債

支出

結婚関連費用

婚約から結婚式、
新婚旅行までにかかる
費用の総額

約500万円

出産費用

検査料、入院費、
分娩料などの
総額

約50万円

券、外国為替、不動産、金など、**自身が保有する資産をさまざまな金融商品に変えて運用すること**。配当や利息、売却益などで増やすのが特徴です。

生活するにはとにかくお金がかかります。さらに家族が増えれば、ますますお金は必要になりますが、この超低金利の時代では預貯金だけでは貯まるスピードは限られてきます。項目ごとに予算を組み、資産運用で増やすことを前提に資金作りに取り組むことを考えましょう。

人生に必要な

住宅購入費

土地付き注文住宅の
平均購入価格

約 4,257 万円

老後の生活費

単身世帯が 65 ～ 90 歳までの 25 年間、月 16 万 5,000 円で生活した場合

約 4,950 万円

夫婦 2 人が 65 ～ 90 歳までの 25 年間、月 30 万円で生活した場合

約 9,000 万円

人生に3度ある お金の貯めどきとは

独身の間にお金を貯める習慣をつける

人の一生にはお金を貯めやすい時期が3度あるといわれています。そのタイミングを逃さずお金を貯めることが大切です。この「貯めどき」をどのように過ごすかによって、将来の貯蓄額には大きな差がつきます。

まず初めのタイミングは、**働き始めてから結婚するまでの独身の期間**。大半の人にとって独身時代は自分のためにお金が使える時期です。特に実家暮らしの場合は、家賃がかからないというメリットがあり、お金を貯めやすい時期といえます。

人によっては趣味にお金をかけたり、美容にお金を使ったりと自己投資にお金をかける時期ですが、

貯めるタイミング

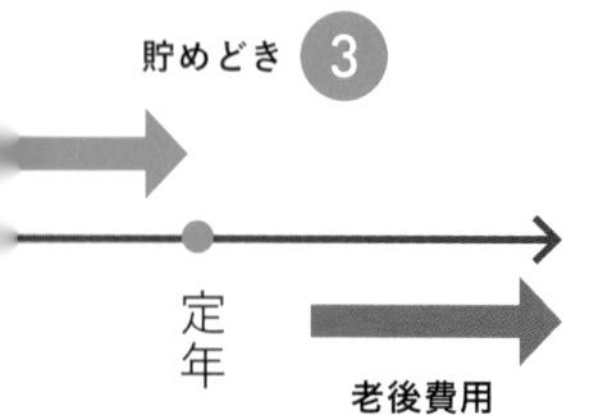

❶独身時代
❷結婚から出産まで
❸定年直前

お金の
貯めどきは3回！

お金を貯めたい人にとっては無駄に過ごしてはいけない時期。**貯める習慣を身につける**時期でもあります。

夫婦の収入をすべて生活費としない

結婚しても共働きの家庭が多い今の時代、**子どもができるまで**が第2の貯めどきです。

2人分の収入があると、つい油断して出費も多くなりがち。例えば1人の給料だけで生活をすることにし、パートナーの給料は貯蓄に回すなど工夫が必要でしょう。「2人分の収入＝生活費」にしないようにすることをおすすめします。

子どもができれば当然出費は増えますが、貯蓄の習慣は継続することが重要です。教育費で一番お金がかかるのは、大学進学以降の18歳から21歳。それまでに目標を決めて、貯蓄する必要があります。

少額でも構わないので**継続することを心がける**ようにしましょう。

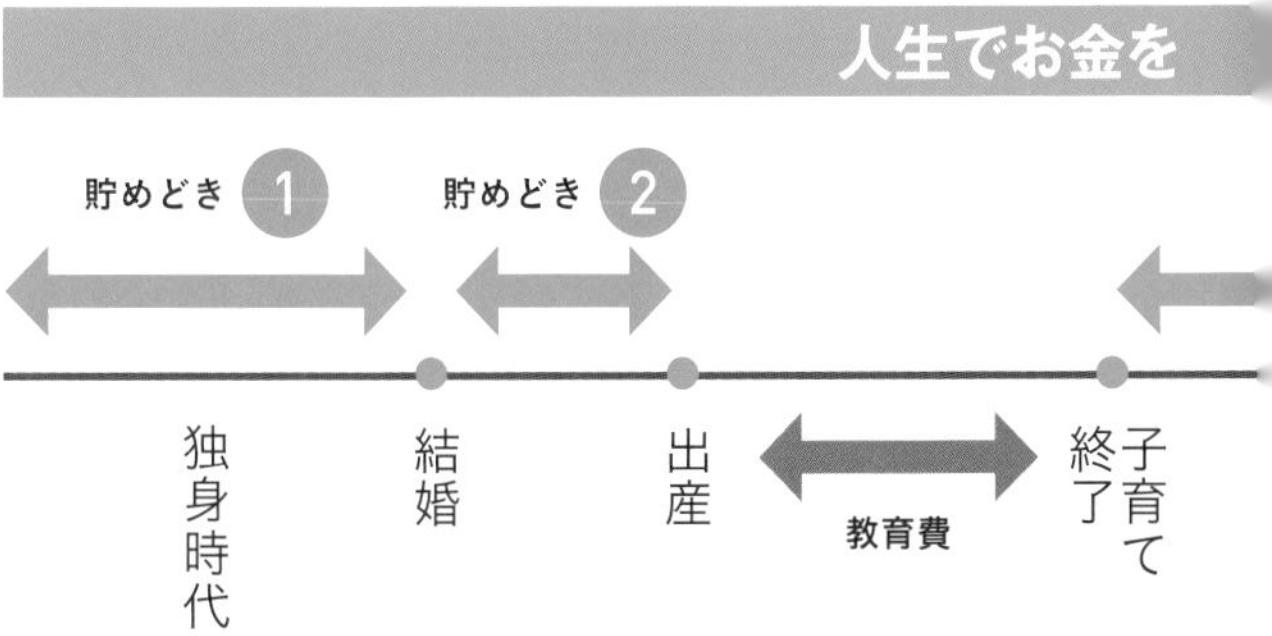

定年直前は老後を意識する

お金が貯められる3度目のチャンスは、ズバリ**定年直前**です。人によっては第1、第2の貯め時からは時間が空くかもしれません。

多くの家庭では子育てが一段落し、教育費がかからなくなることで金銭的にも余裕ができている時期となります。この時期は定年後（老後）を見据え、**お金を貯める最後のチャンス**といえるでしょう。

それまでは教育費のために貯蓄をしていた家庭も、自身の老後のための資金作りが必要となります。

会社員であれば定年退職するまでの期間が勝負です。定年後は主な収入が年金のみとなる人も多いでしょう。その年金も、これからの時代は受給できる年齢が先送りになり、さらに受給額も目減りすることが予想されます。お金を貯める最後のチャンスであるこの時期を逃さないようにしたいところです。

タイミングと貯蓄額を整理する

では、3回あるタイミングのうち、それぞれどれくらい貯蓄すればいいのでしょう。まず独身時代ですが、実家にいる場合、手取りの4割、1人暮らしの場合であれば、2割を貯蓄することを目標にしましょう。

結婚したら2人の収入合計の4割を貯蓄に回し、子育てが始まっても1割から2割は貯めるようにします。

そして、子育てが終了したら、家庭の収入の2割から3割を貯蓄に回すのが理想です。ここでも、できるだけ老後の資金作りをしましょう。この段階の場合はお互いの協力が必須です。

[タイミング別] お金の貯め方

独身時代

流動性があるものを
中心に運用する

理想の
貯蓄率は

手取り額の **4 割**
(一人暮らしの場合は 2 割)

結婚から出産まで

共有の口座を作り
管理する

理想の
貯蓄率は

世帯収入合計の
4 割

定年直前

保険の見直しなどを行う

理想の
貯蓄率は

2~3 割

老後の生活資金対策は早めが肝心！

人生100年時代の準備は大丈夫か

2019年6月、人生100年時代を見据えた資産形成を促す報告が金融庁から発表されました。

この報告で、95歳まで生きるには一世帯で約2千万円の金融資産の取り崩しが必要になるとして、長期・分散型の資産運用の重要性が示されました。

その後、金融大臣から「一定の前提で単純な試算を示しただけであり、そうではない人もた。しかし、このことは、現実的に、一定の蓄えがないことには、自分が望むような生活が成り立っていかない……という可能性を示唆するものと考えることもできそうです。

老後の収入を年金で賄うのは難しい

厚生労働省が発表している公的年金のモデル世帯（世帯主は平均賃金で40年勤務、パートナーはその間扶養に入り、働きに出ない）の2019年度の277円となっています。かたや、2020年家計調査報告の世帯属性別の家計収支（2人以上の世帯）によると、60代世帯の消費支出は1カ月平均約29万円、70代以上世帯は同約23万円です。

つまり公的年金だけの収入で考えると、70歳までの5年間で約420万円、90歳までの20年間で約270万円の不足に。比較的年金額が多いとされるモデル世帯でも、25年間で約700万円の不足が発生することになります。

貯蓄や資産の運用など、年金以外の収入源を確保する必要が見えてきます。

年金をあてにせず各自で備えることが必要

日本の公的年金制度は、「賦課方式」と呼ばれる、現役世代が年金受給世代を支える仕組みになっています。

そんななか、2021年9月の総務省の発表によると、日本の総人口（2021年9月現在推計）は前年に比べ約51万人減少している一方、65歳以上の高齢者は約22万人増加。総人口に占める割合は29・1％と過去最高になりました。この割合は今後も上昇が続くとみられ、2040年には35・3％になると見込まれています。

今後ますます人口減少と高齢化が進むと予想されているなかで、現役世代が減少し、年金受給者の比率が上がっているのが現在なのです。そんな日本の構造では、将来の保険料負担の増加や年金の削減は必至となってしまうのは想像に難しくないでしょう。今までのように老後資金を公的年金だけに頼るということは難しくなり、老後の収支を自助努力で計画しなければならないことが予想されるのです。

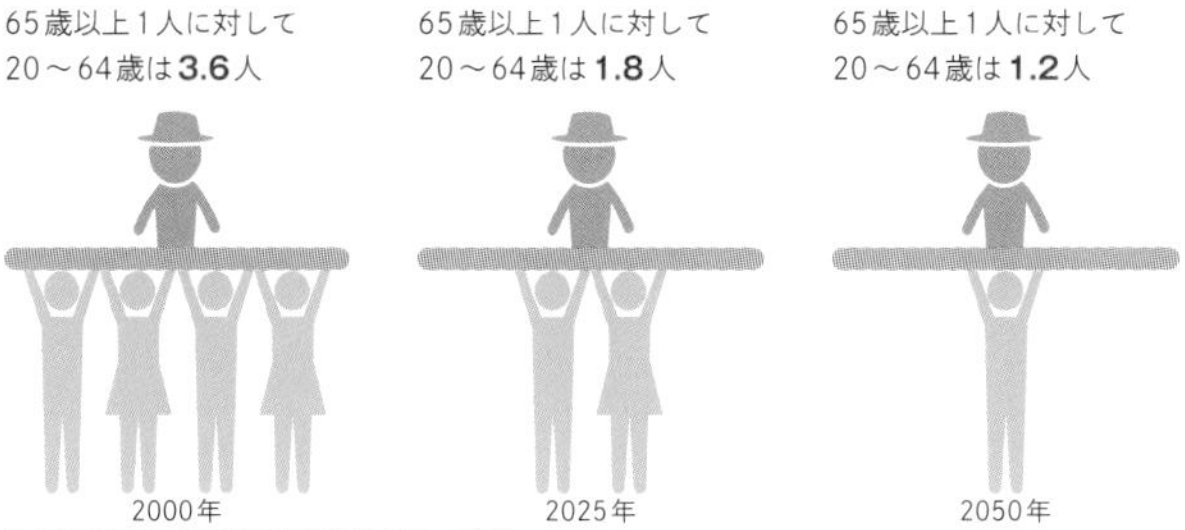

※「人口ピラミッドの変化」（財務省）を加工して作成

よくわかる
資産運用入門

Contents

はじめに ……… 2
一生暮らすのに必要な生活費の総額はいくら？ ……… 4
人生に3度あるお金の貯めどきとは ……… 8
老後の生活資金対策は早めが肝心！ ……… 12

Chapter 1
資産運用を始める前に

景気を左右するインフレ・デフレとは ……… 20
リスクとリターンを理解すれば投資は怖くない！ ……… 24
余裕資金ゼロからでも始められる！ ……… 28
家計のムダを洗い出すとお金がたまる ……… 30
お金の流れは家計簿で管理する ……… 34
資産運用のメリットとデメリットを知る ……… 37

Chapter 2
自分に最適な投資方法を知ろう

株式投資を運用する……42
株の売買で儲ける……44
株の配当で儲ける……48
債権で運用する……52
投資信託で運用する……54
投資信託のメリット……58
分配金の仕組み……62
分散投資でリスク管理……66
分散投資効果を高める……68
投資信託のコスト……72
REIT で手軽に不動産投資……76
ETF で自由度アップ……78
時間を味方につける……82
外貨で資産運用……85
外貨建て保険が人気な理由……88
FX で大きなリターンを狙う……90
商品先物で選択肢を広げる……94

今こそ始めたい有事の金投資……98
不動産投資のメリット……102

Chapter 3 積立投資で資産を守る

積立で投資資金を増やす……108
つみたてNISAを活用する……112
iDecoで老後資金をつくる……114

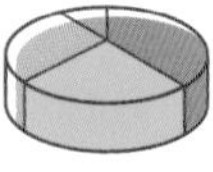

Chapter 4
今できることからはじめる

資産と家計を効率よく管理する 118

生命保険を見直す 120

キャッシュレス決済を上手に活用する 126

フリマアプリを活用する 128

おつりで簡単投資 130

ポイントでお気軽投資 132

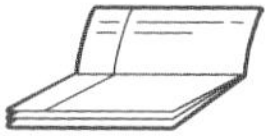

資産運用を始める前に

Chapter 1

景気を左右するインフレ・デフレとは

インフレ・デフレの影響とは

買い物に行ったときを思い浮かべてみてください。目当ての物が考えていた値段よりも安かった場合、人は迷わずその商品を購入しますが、高かった場合は買うのをやめる人もいるでしょう。つまり、モノの値段によって消費者は商品を買ったり買わなかったりします。

私たちの生活に影響を与えるものが「物価」です。そして**物価の変動は景気に大きな影響**を与えます。

モノの値段が上がり、お金の価値が下がっている状態を「**インフレ**」、反対にモノの値段が下がって、お金の価値が上がっている状態を「**デフレ**」といいます。

メリット・デメリット

インフレ（インフレーション）	
メリット	デメリット
・給料が増える ・資産が増えやすい ・景気が良くなる	・物価が高くなる ・貯金だけではお金が増えない

デフレになると給料が下がる？

　モノの値段は安いほうがいいと考える人がは、少なくはないのでは？　同じモノを買うのであれば、安く済んだほうが嬉しいと思うかもしれませんが、実はデフレは経済面から私たちの生活に大きな影響を与えます。

　まず物価が下がるということは、モノは売れますが、企業に入る利益が少なくなります。そうすると、必然的に、企業で働く人の給料が上がらないことに。場合によっては会社が倒産し失業者が出ることにもつながってしまいます。結果、お金がうまくまわらなくなってしまい、消費が進まなくなります。

　また、デフレが続くと、消費者はさらに安い価格を求めます。そしてその期待に応えるため、企業は物価を下げざるをえなくなります。そうすると、高いモノはより売れなくなってしまい、企業にお金が入らない……のループを辿ることに。結果として、消費行動が減退してしまうのです。

インフレ・デフレの

デフレ（デフレーション）	
メリット	デメリット
●モノが安く買える	●給料が減る ●失業者が増える ●景気が悪くなる

切っても切れない物価と消費

デフレは、経済全体に影響をおよぼして、悪循環を生んでしまいます。デフレによる不景気が続くと、最悪の場合は経済の破綻へと至る可能性すらあるのです。

この悪循環を「デフレスパイラル」といいます。一瞬「モノを安く買えるのなら、悪いことだけではない」と思う人もいるかもしれません。しかし長い目で見れば、デフレは、経済にとってメリットはないのです。

インフレ時は、企業に入る利益が増え、給料が上がり、消費が進みます。**お金が回ることで、原理的には経済が発展**するのです。

ただし、大幅なインフレでお金の価値が下がりすぎると、買い控えという状況を招き、デメリットとなることも。しかし、適度なインフレであれば景気にプラスとなります。

このように、インフレとデフレは消費活動、ひいては景気と密接に関係しています。そして、消費者である私たちの生活や家計

デフレスパイラルとは

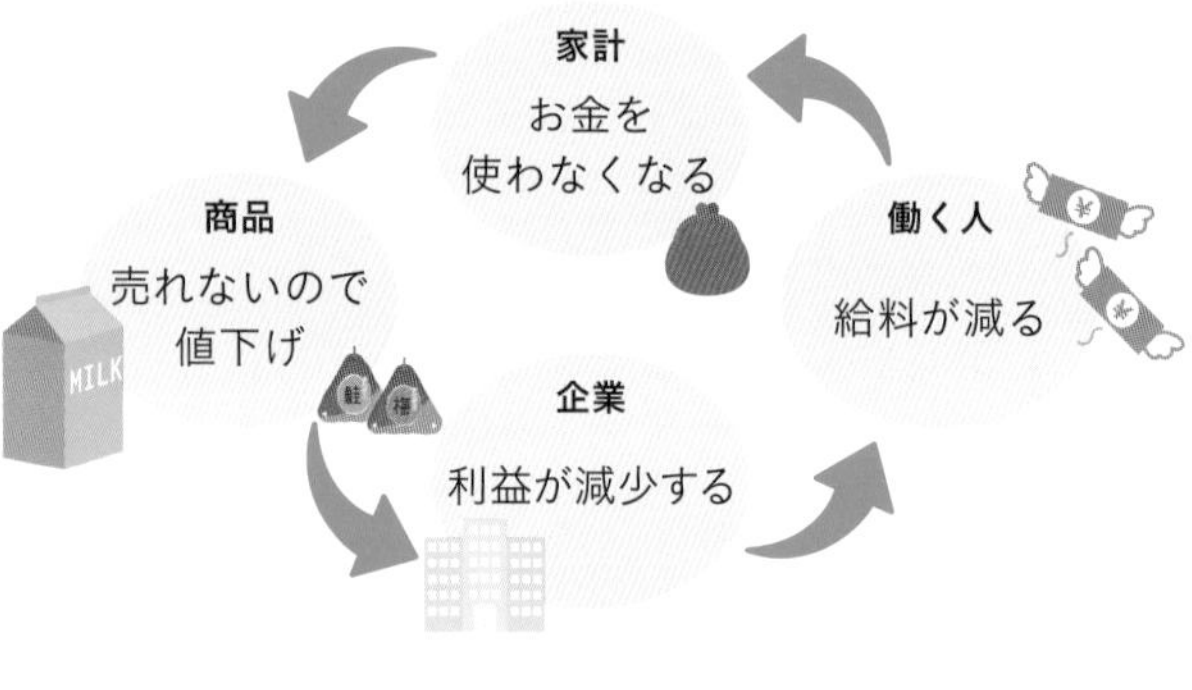

にも直接的に影響を与えるファクターなのです。

インフレ・デフレに適している投資とは

先に見てきたように、インフレになると、企業の売上がアップします。ひいては、企業の価値となる**株価が上がることに。**

また、住宅を購入する人が増えるのも、インフレ時です。そうなると、不動産価格も上がる傾向があり、**不動産投資が活況**となります。

それに対して、デフレ時は金利が下がります。そのことから、ここでは債券への投資が適しています。**債券価格は、金利が低下した場合には上昇傾向となる**からです。

私たちの消費活動は、インフレやデフレによる物価変動と切っても切れない関係にあると説明しました。同じように、インフレとデフレは投資活動にもかかわってきます。インフレ、デフレが何たるかを理解することでこそ、世の中の経済状況に見合った投資をすることが可能となるのです。

景気動向に合う投資

インフレ時	デフレ時
株式投資 株式投資信託 不動産・REIT 外貨投資 金など貴金属への投資	円預金 国内債券

リスクとリターンを理解すれば投資は怖くない！

投資のリスクはキケンという意味ではない

資産運用をはじめるうえで気になるのが「**リスク**」。リスクが怖いために、なかなか投資に踏み出せない人も多いのではないでしょうか。

リスクというと、「キケン」「損をする」というイメージで捉えがちかもしれません。しかし、投資における「リスク」とは、「**リターンの変動する幅（ブレ）**」を指します。

リターンは、投資で得られる収益のことです。「リスクが高い」とはリターンの変動幅が大きいこと。大きなリターンが期待できる反面、損失も大きくなる可能性があります。逆にリスクが低いと期待できるリターンは小さくなります。

関係

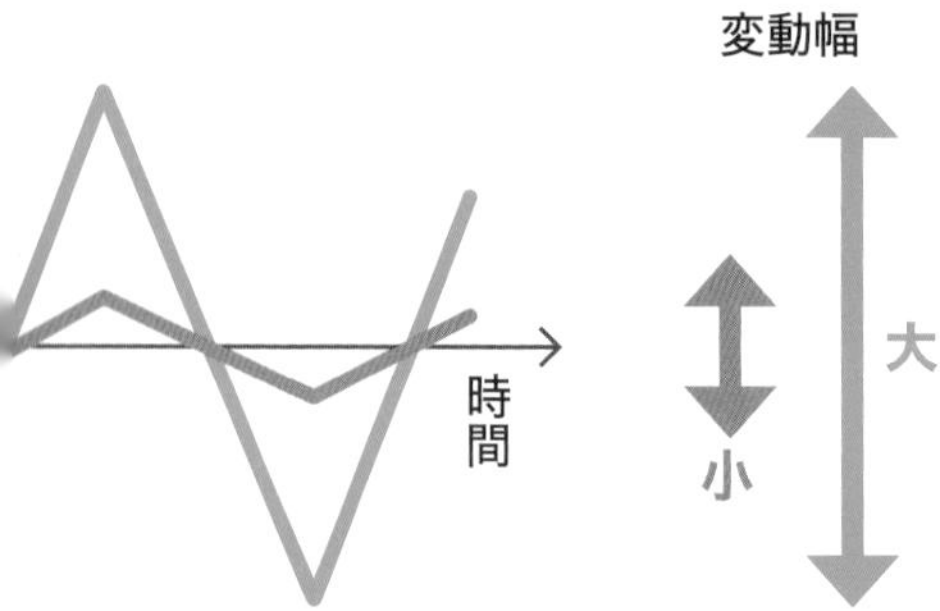

リスク許容度を知ると向いている投資がわかる

資産運用における代表的なリスクには、以下のようなものがあります。

・市場で取引価格が変動することによる「**価格変動リスク**」
・為替相場の変動により損失が発生する「**為替変動リスク**」
・投資する会社の経営不信などの理由で債務不履行になる「**信用リスク**」
・金融商品などを現金化する際に換金できない「**流動性リスク**」
・特定の国や地域における政治や経済状況の変化により投資した資産の価値が変動する「**カントリーリスク**」

例えば日本の株式投資であれば主に価格変動リスク、信用リスクの影響を、外貨預金であれば為替変動リスク、カントリーリスクの影響を受けます。**どのリスクを受け入れられるかで投資対象が決まってくるのです。**

まずは自分のリスク許容度を把握し、最適な投資を考えてみましょう。

リスクとリターンの

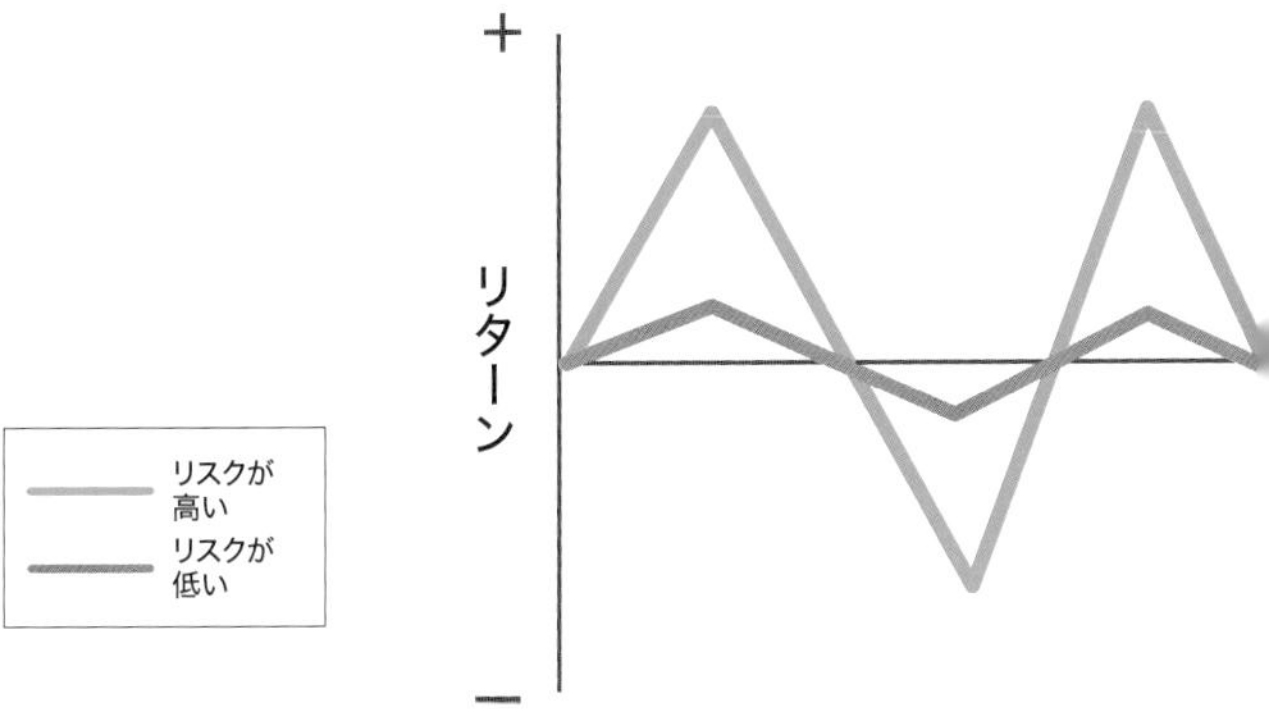

分散投資でリスクを回避する

リスクを減らす方法のひとつとして、**「分散投資」**があります。「(投資する)時間を分散する」、「投資商品を分散する」、「投資する国を分散する」など、**投資先をいくつかに分散することでリスクを軽減する方法**です。

例えば、景気が良い時には株式が値上がりし、その反対に債券の価格が下がることがよくあります。そのため、値上がりと値下がりの逆の動きをする両方を組み合わせることができれば、基本的には、リスクを回避することにつながりやすいのです。**値動きが異なるものを組み合わせる**というやり方は、分散投資で安定した運用が期待できる方法のひとつなのです。

実際に投資を始めてみると、世の中の景気の動きや経済の流れ、またそれに伴って世界の動向にも目を向けることになります。投資は経済学でもあるのです。積極的に情報収集をしながら実践するのもおすすめです。

「すべての卵を1つのカゴに盛るな」

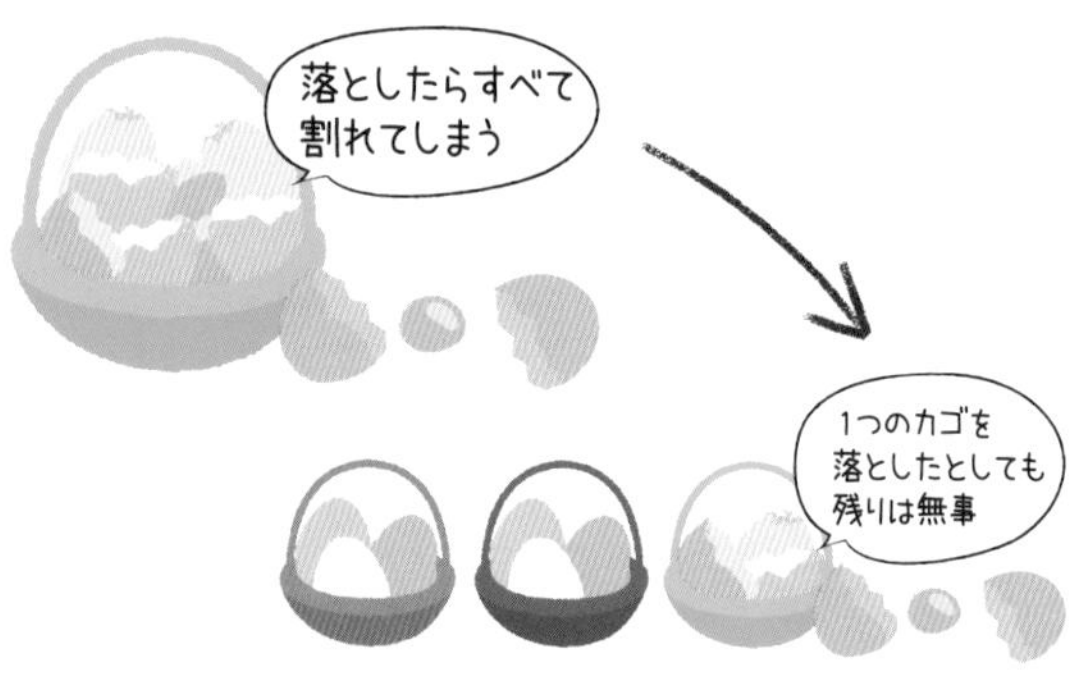

落としたらすべて割れてしまう
1つのカゴを落としたとしても残りは無事

[運用商品別] リスクとリターン

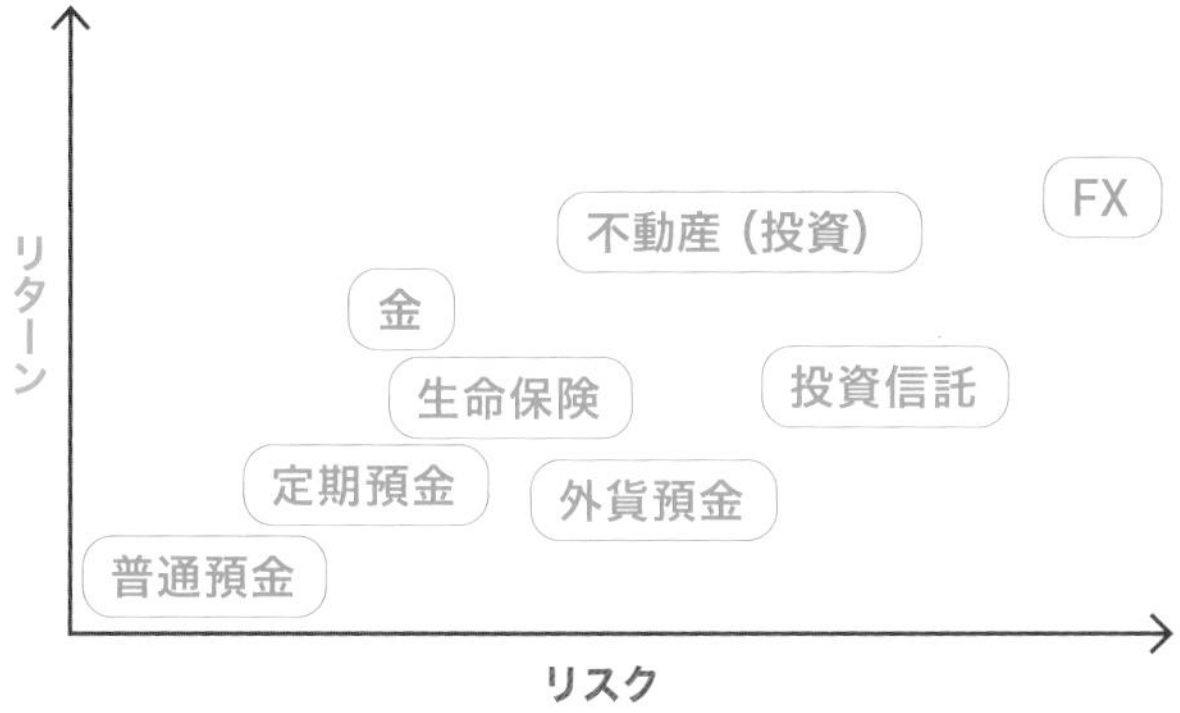

●普通預金
自由に預入、払戻ができる預金口座で金利はほとんどつかない

●定期預金
銀行などが定めた一定の期間内は引き出せない契約で預かるお金

●金
それ自体が価値を持つ資産。取引価格が変動するもの

●生命保険
病気やケガ、死亡によって引き起こされる経済的負担に備えるためのもの

●外貨預金
円貨を他国の通貨（外貨）に替えて運用する預金

●不動産（投資）
マンションなどを購入して家賃収入を得たり、売却し差額で利益を得る

●投資信託
投資家から集めたお金を専門家が複数の商品に投資して運用する金融商品

● FX
米ドルやユーロなどの為替変動により利益を狙う取引のこと

余裕資金ゼロからでも始められる！

今すぐできるお金を増やす方法

お金を増やすためにはまず、「**増やす目的を持つ**」ことです。例えば「車を買う」ために、「いつまで」に「いくら」を貯めるかなど、具体的に目標を決めるとよいでしょう。

次に「**時間をかける**」ようにしてみましょう。決めた期日と目標額を達成するためには月々いくら貯めればいいのかを逆算します。お金は貯めようと思ってもすぐには貯まるものではありませんから、貯めながら必要になるのが「**お金に働いてもらう**」。つまり、お金を運用（投資）することです。人が働いているだけでは、お金は得られますが効率よく増やすことはできません。お金にも働いてもらうことで、貯まるスピードをアップさせるように狙うのです。

100円からでも投資はできる

投資をしたことがない人に投資と聞くと「まとまった資金が必要」というイメージを持つかもしれませんが、実はそんなことはないのです。

すぐに実践できるのは、「**節約する**」ことです。無駄使いを減らせば手元にお金が残ります。「そんなわずかなお金で」と思うかもしれませんが、ネット証券の投信積立であれば、**100円から投資**が可能です。例えばコンビニで100円分の買い物を控えるだけで、投資するお金が作れるのです。

72の法則を知ると定期預金をやめたくなる

手元のお金が2倍になるまでにどれくらいの期間がかかるのかを計算する、「**72の法則**」という計算式があります。

これは金利（リターン）と年数を掛け合わせると72になるという法則です。例えば、金利が1％の投資で運用したとしたら、お金が2倍になるには72年かかります。また、10年で2倍にするためには、7・2％の金利（リターン）が必要という概算もできるのです。

かつて日本でも、10年あれば2倍になった高金利の時代もありました。ただし現在の定期預金の金利では、0・04％程度。2倍になるにはなんと、1800年かかる計算です。

投資をせずしてお金を増やすことは難しい時代なのです。

運用するとこれだけ差がつく

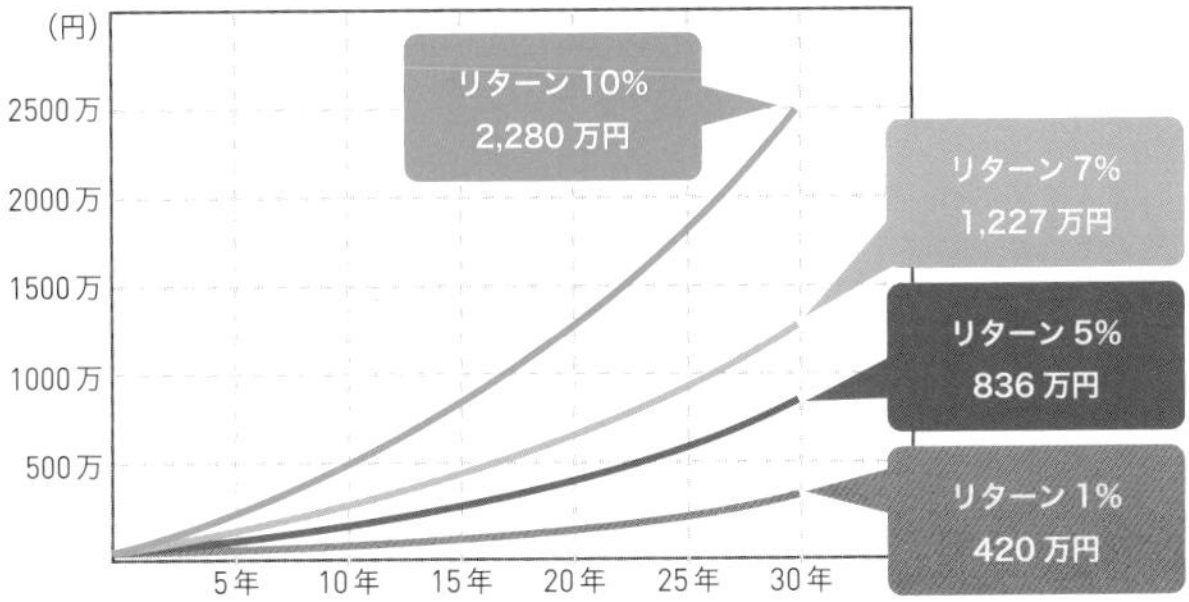

家計のムダを洗い出すとお金が貯まる!

そのお金は消費? 浪費? それとも投資?

お金の使い方は「**消費**」「**浪費**」「**投資**」の大きく3つに分かれます。

「**消費**」とは、**生活するうえで避けられない支出**です。家賃、食費、光熱費、通信費、医療費、税金の支払いなどが当たります。

「**浪費**」は、娯楽や趣味など、**必ずしも必要とは限らない支払い**を指します。例えばゲームやギャンブル、他にも衝動買いして着ない洋服、月会費だけ払い続けているスポーツクラブなども含まれます。「ゲームは気分転換に必要」「スポーツクラブは健康維持のために必要」などと「浪費」の自覚なく払う人もいます。

「**投資**」は、**将来利益を得ることを目的とした支**

「いくら使った」より「何に使った」

消費

使ったお金＝価値

生きていくために必要な支出。他に代替のない、払った分の価値相当に値するもの。最低限、減らせない出費のこと。

投資

使ったお金＜得られる価値

自分への投資として必要な支出。一時的にマイナス収支になったとしても、将来的にはプラスに転じる可能性の高い出費のこと。

浪費

使ったお金＞価値

必要のない無駄な支出。払ったお金よりも将来に渡って得る利益・メリットが少ない支出。なくすことが理想。

出です。資格取得のための勉強代、習い事、実用性のある書籍を読むなど、自分の価値を高めるためのスキルアップも投資といえます。ただし、資格取得や習い事といっても、闇雲にすればいいわけではなく、将来を見据えて資産になりそうなものを選ぶことも重要です。投資のつもりが浪費になる場合もありますので、要注意です。

〝消費〟〝浪費〟〝投資〟それぞれの配分は？

支出の配分については、概ね下記のグラフのように考えておくといいでしょう。

消費は生活する上で必要な経費なので仕方がありませんが、浪費の割合は、できればゼロにしたいところです。趣味や娯楽は日々の楽しみやストレス解消になる場合もありますが、できるだけ減らそうと意識することが大切。

投資の割合は**将来の生活に大きな影響を与える必要経費**として、最低でも2割はキープできるようにするのが理想的です。

理想的な支出の配分

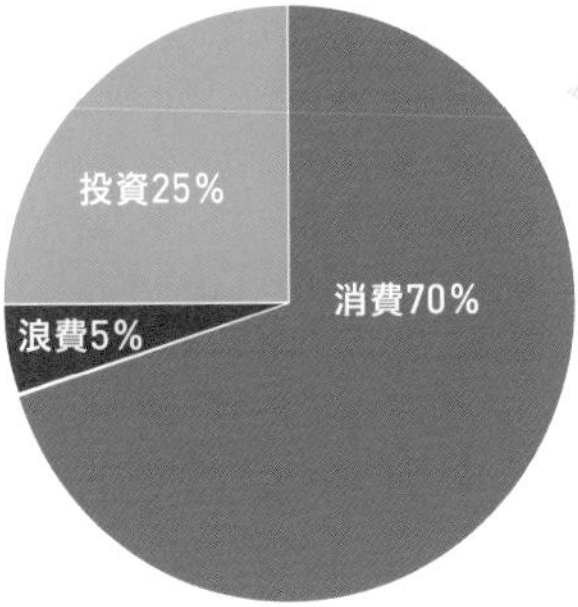

お金の使い方を明らかにすることで無駄使いを減らすことができる。収入の四分の一は自己投資に回すことが理想。

お金を貯めるには「先取り」をする

「月々で使えるお金が少ないから、給料が残ったら貯蓄に回そう」と考える人も多いでしょう。しかし、お金を貯めるためには**「先に貯める分を引いて残りで生活する」**ことが大切です。

つまりお金が貯まる仕組みとは、「収入ー生活費＝貯蓄」ではなく「収入ー貯蓄＝生活費」なのです。

また、給料が増えた場合に貯蓄や投資に回すお金は、「定額」ではなく「定率」で貯めることが必要です。収入に応じて一定の割合で貯めるようにすれば、増えた分からも無駄なく貯蓄などの資金として残すことが可能に。定額より、おのずとお金は貯まっていくのです。逆もまた然りなので、もし世帯収入が減ってしまって苦しいならば、定率を意識することが重要です。

家計の無駄を見直すだけで、手元に残るお金は増えていきます。まずはこれまで使っていたお金の内訳を知ることからはじめてみましょう。

用語解説

定額と定率

「定額」とは一定の金額。決まった額。定期的に一定額を貯蓄することが可能。「定率」とは、ある額に対する一定の割合のこと。額は収入に応じて変動する。万一収入減となったときに生活費へのダメージを少なくすることが可能。

月々の収入

先取り貯蓄におすすめの貯蓄「自動積立定期預金」「給与天引きの財形貯蓄」「社内預金」など、毎月決まった日に決まった額を先に別にすることでお金は貯まる。

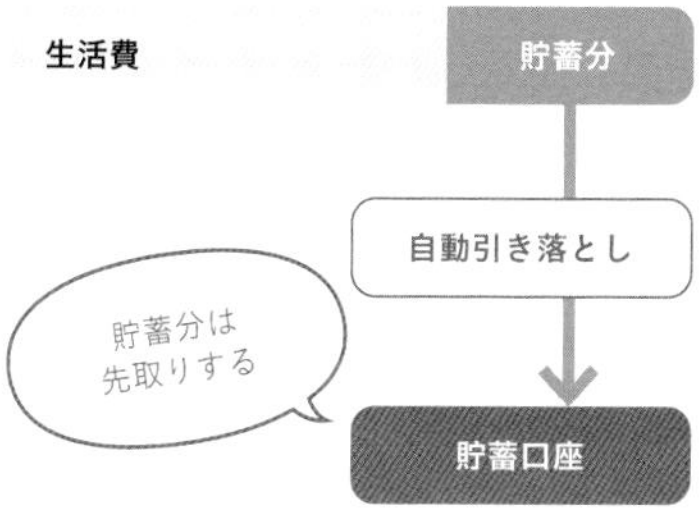

お金が貯まる仕組み

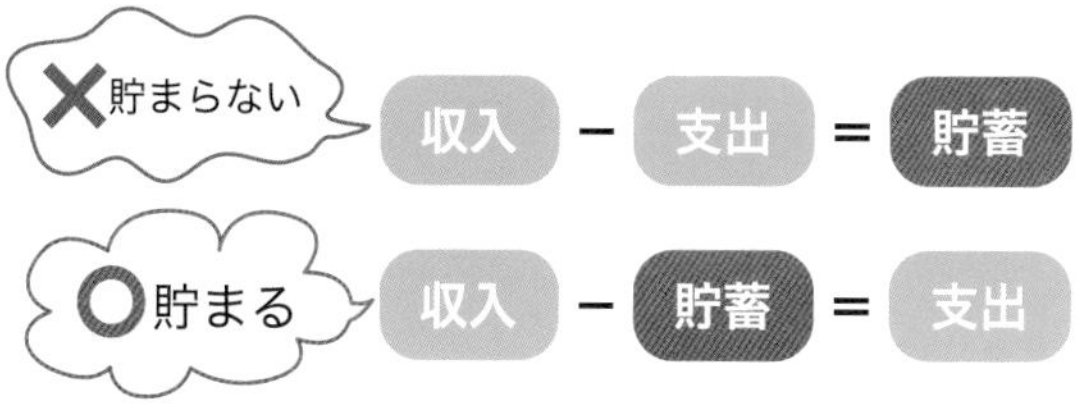

お金の流れは家計簿で管理する

家計簿をつけることで生活を知ることができる

お金を貯めたい人にとって、**家計簿をつけることは必須**です。家計簿をつけることで、自身の生活を知ることができます。収入に対してどんな出費をしているのか、無駄なものにお金を使っていないかを客観視できるのです。

家計簿は収入と支出をつけることからはじまります。重要なのは、**支出の内容を把握する**ことです。

まずは支出を「住居費」「食費」「保険料」「交際費」など大きく10項目ほどに振り分けます。ここでポイントなのが、これらをさらに**「固定費」**と**「変動費」**に分けることです。

固定費と変動費どちらを削ると効果的？

節約というと、大半の人

内訳

家計

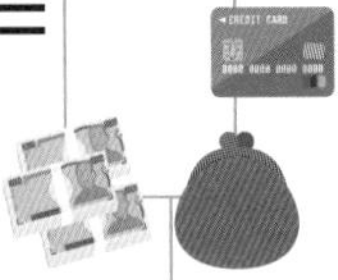

＝

変動費

行動の頻度や度合い、何を選択するかによって変わる定額ではない支出

- 食費
- 娯楽費
- 日用品
- 交際費

など

は、外食を減らしたり、買い物を控えたりなど、「変動費」に目を向けることが多いはず。変動費はさまざまな工夫で抑えることができるので、節約の効果が直ちに現れるというメリットも。ただ変動費は、見直しても一過性のものなので、実は**見直しが必要なのは「固定費」**です。

例えば住宅関連費には、家賃や住宅ローン、税金などが含まれます。家賃は手取り月収の25％までが理想的です。大きくオーバーしている場合は、引越しなども視野に入れる必要があります。

また住宅ローンについても金融機関に相談し、今よりも金利が下がるようであれば借り換えをしましょう。長期で見ると数百万円の削減ができることもあります。

そして多くの人が加入している保険ですが、保険会社に勧められるまま、必要以上に高額な保険に加入していることがあります。またライフステージの変化によって見直しが必要になることも。保険の見直しは必ずすることをおすすめします。

生活費の

固定費

生活する上で必ず発生する
一定額の支出

- 住宅費
- 通信費
- 光熱費
- 保険料

など

＋

現在の資産はどれだけ？
負債と合わせて考える

家計簿でお金の流れを把握したら、次は資産の把握です。

資産は大きく2つに分かれます。1つは現金化した際の価値となる「資産」、もう1つは住宅ローンや車をローンで支払っている場合の「負債」です。資産のうち、自動車、生命保険、株などは売却した場合の返戻金で考えます。そして資産から負債を引いた残りが、「純資産」となります。

お金を増やしたいのであれば**純資産を増やしていくことが重要**です。負債のことまで気にかけない場合が多いですが、改めて把握することが負債を意識しそれ以上増やさないように心がけるきっかけとなるでしょう。

まずはお金の流れを知ること、そして生活パターンを再確認し、無駄なところは見直し、現時点での資産と負債を把握することで資産はどんどん増えていくのです。

必要なのは「純資産」を増やすこと

資産	負債
 現金 住宅 自動車 貴金属 株、生命保険など 絵画など	住宅ローン 自動車ローン 奨学金  

➡ 純資産 ＝ 資産 － 負債

資産運用のメリットとデメリットを知る

資産運用は誰でもしている

資産運用というと、ギャンブルと同じと考えたり、損をしてしまうのでは、と思っている人もいますが、そもそも資産運用とは、手元にある資金をデータや情報に基づいて運用することを意味します。

またお金持ちだけがするもの、と考えている人もいますが、実はどんな人も少なからず資産運用をしています。利息はほとんどつきませんが、銀行の定期預金に預けることも資産運用のひとつといえます。

運用で利益にこんなに差がつく

定期預金も資産運用のひとつですが、定期預金だけでの運用が正しいとはいえません。その理由はあまりにも金利が低いからです。

例えば、定期預金の金利を0・05％だと仮定しましょう。100万円を10年間定期預金に預けておくと、10年後には利息が合計いくらになるでしょうか。この金利ではなんと、5千円にしかならないのです（税金は考慮していません）。

それに対して仮に3％の運用で同じ100万円を10年間運用し続けたら10年間での利息は30万円です。その差は29万5千円と歴然です。

資産をつぎ込み過ぎてはいけない

しかし、運用で必ずしもお金が増えることばかりとは限りません。場合によっては目減りすることも。

株やFXなどの商品は変動がつきものですし、生命保険でも、外貨建ての保険の場合は投資先の通貨によっては為替の影響も受けかねません。途中解約の際には元本割れすることもあります。

つまり資産運用のデメリットは、元本が減る可能性もあるということです。

運用の資金が多ければ多いほど、増える可能性も高くなるからといって、手元にあるお金を全部つぎ込むという行動はNGです。うまくいかなかった場合、損失が膨らむ可能性も高くなります。

失敗を取り戻すために、追加のお金をどんどん注ぎ込んでいくことも、さらに損失を増やすことになりかねません。

長期運用できる資金で、自身のガイドラインを決めて無理のない範囲ではじめましょう。

資産運用とは

目標を設定し、ゴールから逆算して計画的な投資を行うこと

資産運用で忘れてはいけないこと

①
手元にあるお金を
全てつぎ込まない

必要な時に現金化できなかったり、損失が発生する場合もあるため、投資は資金にも時間にも余裕のあるお金ですること。

②
ガイドラインを
決める

３割値上がりしたら利益を確定する、２割下落したら損切りするなど、マイルールを決めて欲をかかないことが大切。

③
投資それぞれの
メリット・デメリット
を知る

投資のメリット・デメリットを理解することで、自分に向いている投資、避けた方が良い投資を選択できる。

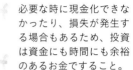

自分に最適な
投資方法を知ろう

Chapter 2

株式投資で運用する

株価の変動が利益になる

株とは、**企業が資金調達などを目的に発行する有価証券**です。証券会社に取引口座さえあれば、誰でも株の売買に参加することができます。

市場で取引されている銘柄の中から値上がりしそうな株を選び、期待通りの株価になったところで売却したり、または株主となり、企業が得た利益の一部を受け取るのが基本的な仕組みです。

ただし、**株価は常に変動**しますので、上がると思った株価が下がることも。

そのため、**下調べをした上での銘柄選び**や、**売買のタイミングを見極める**ことが重要です。投資資金の調整や値動きの確認といったリスク管理も必要。ここが、預金や保険などとの大きな違いです。

仕組み

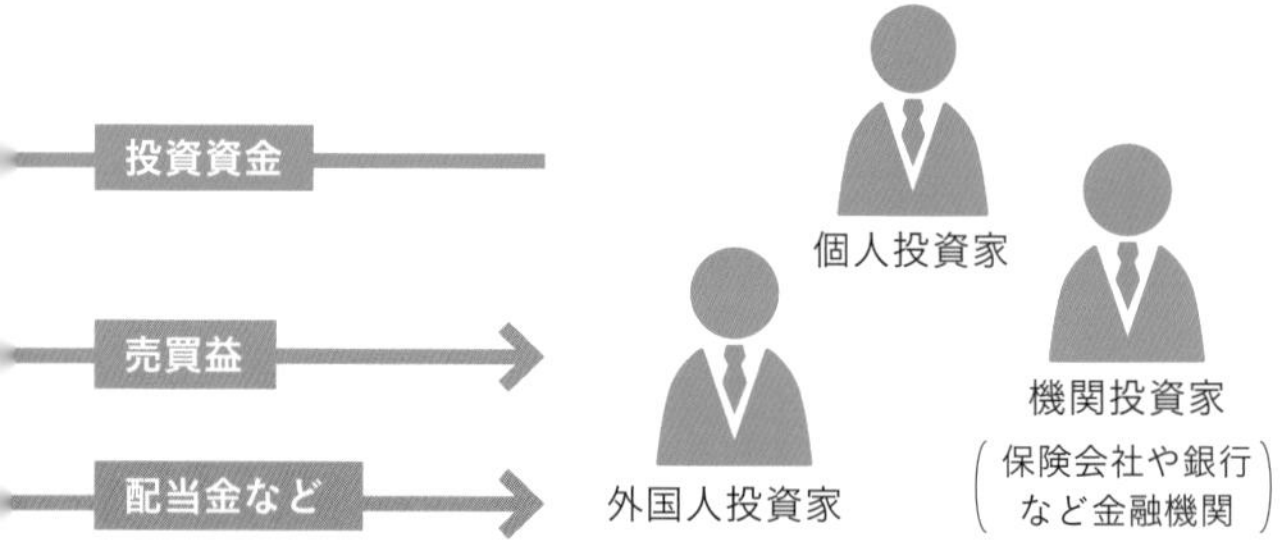

預金などよりも効率よく増やせる

株のように元本割れする可能性がある投資商品のことをリスク性商品といいます。

リスクは、値上がりするかもしれず、値下がりするかもしれない不確実な状態のことで、**リスクとリターンの大きさは同じ**です。

例えば銀行預金は、元本割れする可能性がほとんどありませんので低リスクです。その分、リターンである利息もほとんどつきません。一方株は、半分にも2倍にもなり得ます。そこが株の醍醐味。投資スキルを高めれば、効率よくリターンを得ることができるのです。

株式投資のリターンはキャピタルゲインとインカムゲインに分けられます。

前者は株価の値上がりにより得られる売買益のこと。株は安く買って高く売るのが基本なので、その差額が利益になるのです。後者は、株を保有することで定期定期に受け取る配当金や株主優待を指します。

株式投資の

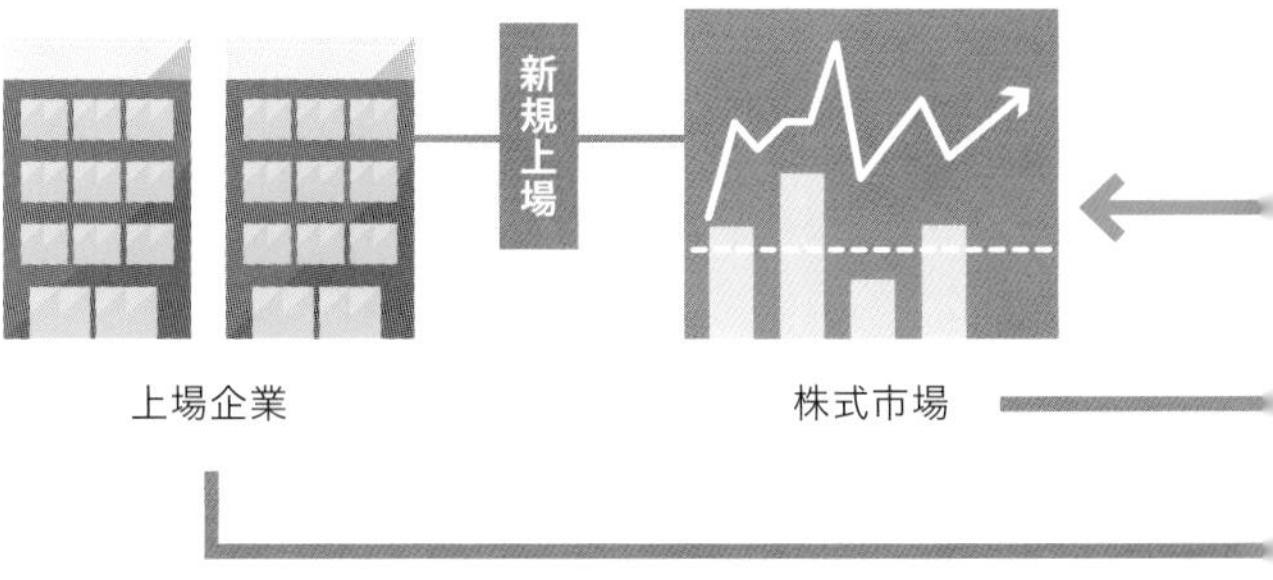

株の売買で儲ける

買い手と売り手の力関係が株価を動かす

株では、安く買い、高く売ることによって利益（**キャピタルゲイン**）が得られます。

そもそも、なぜ株価は動くのでしょうか。主な要因としては、**買い手（需要）と売り手（供給）の力関係**が挙げられます。

例えば、人気商品や希少な商品などは、必然的に買い手が多くなります。中には「高くても買いたい」「1000円高くてもほしい」と考える人もいるでしょう。

株も同じで、需要が大きい銘柄ほど値上がりしやすくなります。業績が良い、大きな成長が見込める、ヒット商品が出た、配当金が多い……といった要因が一般的。そうして、買い手が増え、株価が上がるわけです。

逆に、業績不振の企業や不祥事などがあった企業などは「安くてもいいから処分したい」と考える株主が増えます。不人気の商品をバーゲンセールするようなものです。結果、需要よりも供給の方が強くなり、株価が下がるのです。

このような性質があることから、**株式投資では企業の業績や成長性などを精査することがポイント**になります。

株価の値上がり要因

企業に関するニュースを受け、投資家が「株価上昇が期待できる」と判断すると、需要（買い手）の力が強くなり、株価が上昇する。

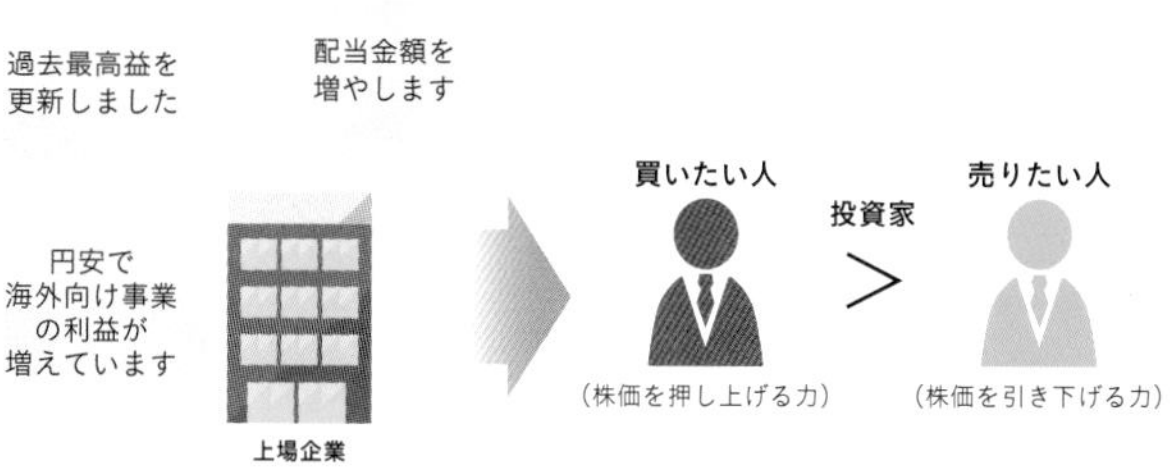

売買益が生まれる仕組み

株は、安く買い高く売るのが基本。その差（縦軸）が大きいほど得られる利益も大きくなる。

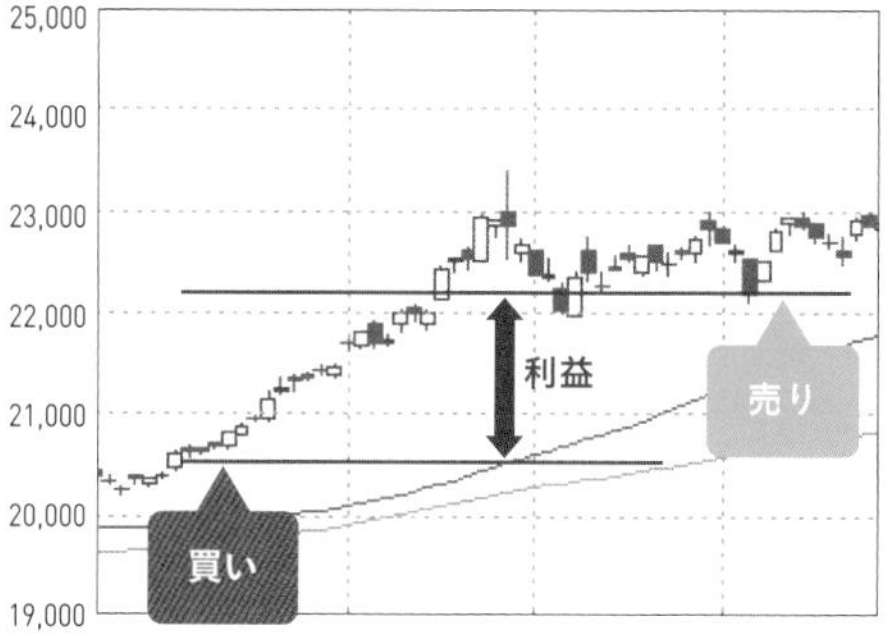

国内と主要国の景気動向も影響する

株価が動くもう1つの要因として、**世の中の経済状況**や、**市場の状態**などについても注意が必要です。

例えば、日本全体が好景気だった80年代後半（バブル経済期）は、現在2万円台の日経平均株価が3万8975円まで上昇したことがあります。一方、その後のデフレで不景気になったときは、8000円前後まで下落しています。

市場で売買されているのは、経済活動をしている企業の株ですので、不景気になれば売上・利益が下がるだろうと判断されます。結果、景気が良いときは軒並み株価が上がりやすくなり、悪くなると下がりやすくなるのです。

ポイントとなるのは国内外の景気動向ですので、景気に影響しそうな事象も株価が動く要因となります。戦争リスクや大きな自然災害などがその例といえるでしょう。

国内の企業の中には海外に拠点を持ち、製造・販売などを行っているケースも多いため、米国や中国市場の状況も株価に影響します。

実際に2016年の英国国民投票によるブレグジットや、米国の大統領選挙でも国内の株価に大きな動きがありました。

用語解説

日経平均株価

東証一部に上場している銘柄の中で、日本経済新聞社が選んだ225銘柄の平均のこと。業種・業界を幅広く網羅し、日本の景気や株式市場の状況をみる重要な指数となっている。

市場環境に影響する要因

Point 経済・政治・時事情報などを確認してリスク管理

為替

米国市場の株価

成長率

中国市場の株価

上場企業は輸出関連企業が多いため、基本的には円高はマイナス要因。取引量が多い米国、中国の景気にも影響される

戦争リスク

政治不信

自然災害

海外投資家の動向

突発的な要因として、投資家が株を売りたくなる（暴落に備えてリスクを小さくしたい）出来事にも注意が必要

株の配当で儲ける

保有する株数に応じて配当金が受け取れる

配当金などによる利益（インカムゲイン）は、株を保有する株主が定期的に得られる利益です。

企業は事業拡大のためなどに株を発行し、資金を調達します。配当金はその見返りのようなもので、株を買った人に対し、利益の一部が支払われます。

配当金額は保有する株数に応じて変わり、例えば1株あたりの配当金が10円であれば、100株持つ人は1000円、200株なら2000円、1万株持っている人は10万円の配当金を受け取ることができます。

配当金と成長幅の関係

ただし、国内市場（東京証券取引所）に上場してい

仕組み

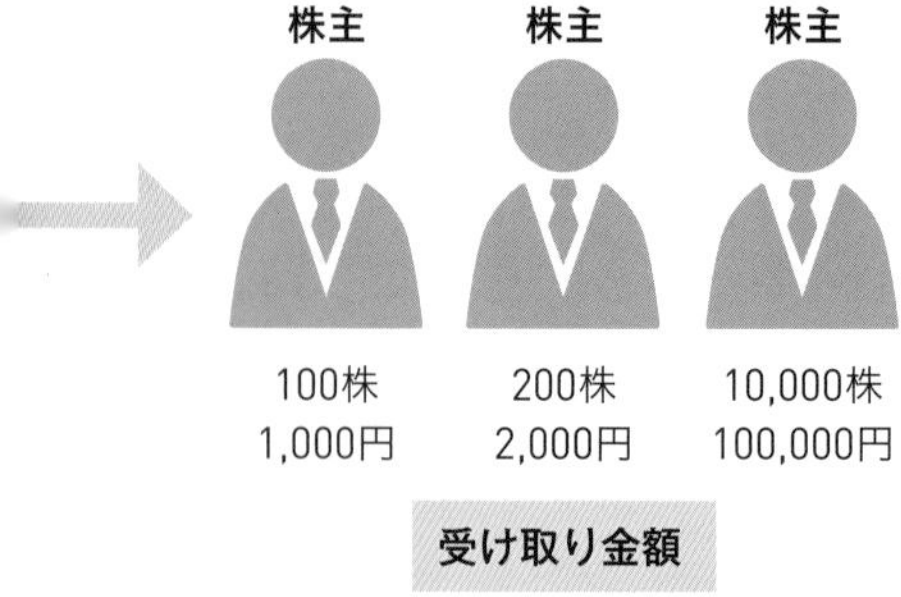

配当金は、保有する株数によって受け取り金額が変わる。（配当金×保有株数）

るからといって、全ての銘柄に配当金があるわけではありません。

　基本的には一部上場企業が配当金を出していることが多く、二部以下の市場に上場している企業では少なくなる傾向があります。理由として、これから成長する企業は配当金を出すよりも、そのお金をさらなる事業投資に回した方がいいと判断するケースが多いためです。

　逆に、定期的に配当金を出す大手企業などは、業績などが安定しているともいえますが、これから何倍にも成長する可能性は小さいともいえます。

株価が上がると配当利回りは下がる

　配当金の市場平均はだいたい年2%ほどです。

　投資の効率を高めるという点からみると、配当金に対して株価が安い銘柄を選ぶことが1つのポイントとなります。

　例えば、株価1000円の銘柄を100株買い、年2000円の配当金が得られる場合、リターンは年2%になります。

配当金の

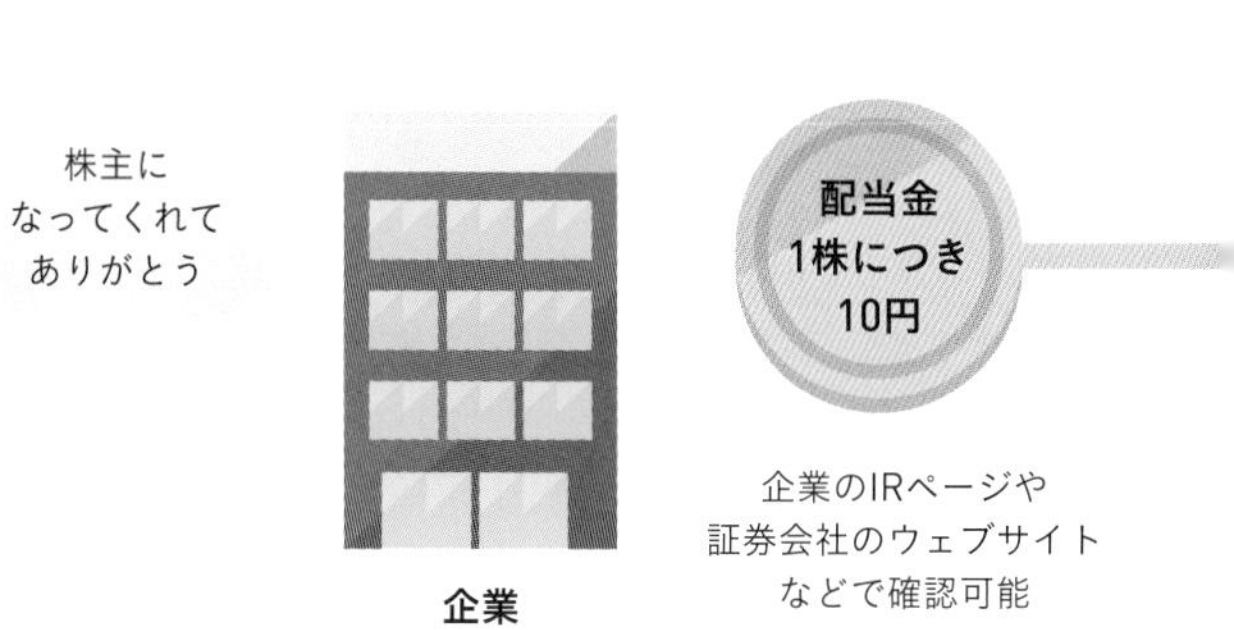
株主に
なってくれて
ありがとう
配当金
1株につき
10円
企業
企業のIRページや
証券会社のウェブサイト
などで確認可能

これが前述した平均の数値で、この数値のことを**配当利回り**（%で表します）といいます。

配当利回りの特徴として、株価が下がると利回りが上がり（投資効率が良くなる）、株価が上がると利回りが下がります（投資効率が悪くなる）。つまり、配当利回りが高ければ、**配当金に対して株価が安い**と判断できます。

そのため、銘柄選択や売買のタイミングを考える際には、**証券会社の情報ページなどで配当利回りを確認する**ことが大事です。

また、株価の変動によって配当利回りも変わりますので、利回りが低くなったタイミングで売却するといった戦略を立てることもできます。配当利回りが低くなるということは、株価が上がっているということですので、売却することによってキャピタルゲインが得られることが多いはずです。

また、配当金額は増えたり、減ったり、なくなったり、復活したりすることがあります。

投資家から見ると、配当金がもらえるということはうれしいことですので、増配や復配は株価の上昇要因になります。

一方、配当金が少なくなるのは株価の下落要因です。インカムゲイン狙いの投資家にとっては売る理由になります。

また、減配や無配転落は、経営や業績の悪化による場合が多いため、その点で警戒した株主が売ることにもつながります。

$$\text{配当利回り（\%）} = 100 \times \frac{\text{1株あたりの配当金額株価}}{\text{株価}}$$

配当の修正

配当金は、企業の業績や戦略などによって変更されることがある。無配となった銘柄が再び配当金を出すケースもある（復配）。

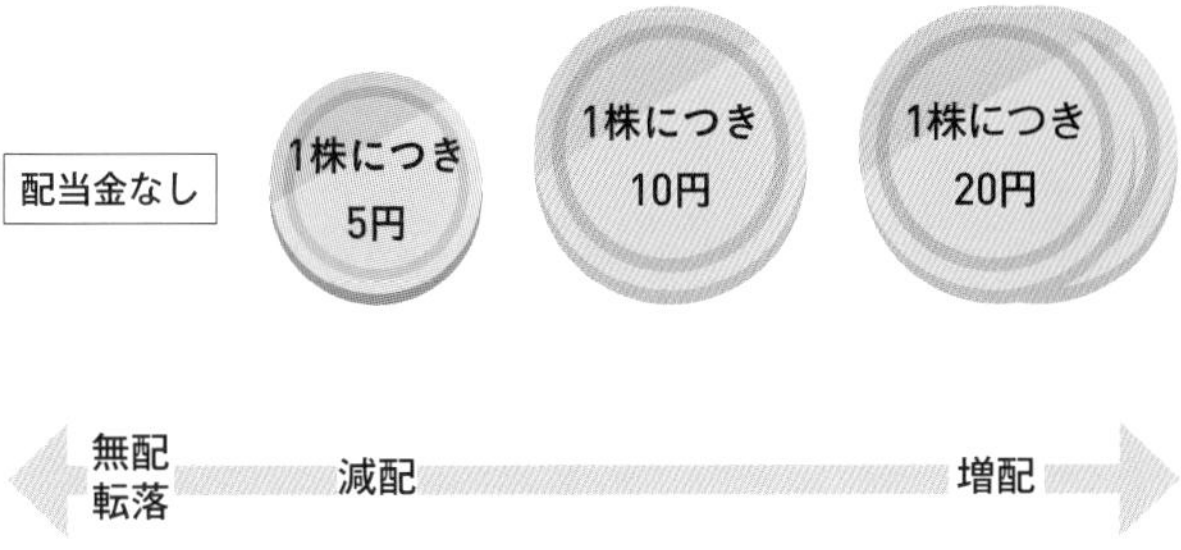

債券で運用する

国や企業などにお金を貸す

債券は、**お金を貸した証として発行される有価証券の1つ**です。「貸す」という点が株や投資信託との大きな違いです。

仕組みとしては預金に近いといえるでしょう。

銀行預金は、銀行にお金を貸すのと同じです。銀行はそのお金を使って利益をあげ、預金者は見返りに利子を受け取ります。

債券も同様に、企業、地方自治体、外国の公的機関などにお金を貸します。お金を借りた組織（債券の発行体といいます）は、そのお金で事業などを行い、貸し手である投資家は定期的に利子を受け取ります。

満期と利率があらかじめ決まっている

利子収入の仕組みは、

仕組み

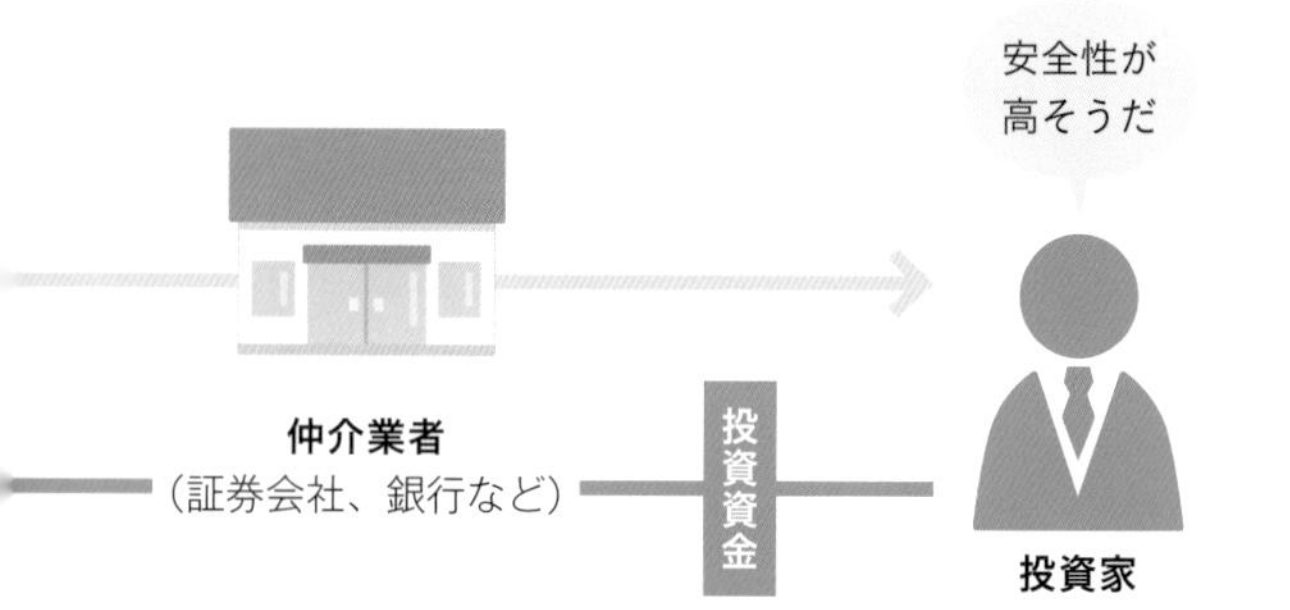

銀行の定期預金と似ています。銀行の定期預金は、預け入れる時にあらかじめ利率や満期で戻ってくる日が決まっています。

　債券も同じで、債券発行時に満期と利率が決まっています。利率は発行体によって異なりますが、例えば国が発行する個人向け国債（固定5年）の場合は年0・05％の利子が受け取れます。

　大手の定期預金と比べると、債券の方が利率が高いものが多いため、直近で使う予定がないお金を中長期で運用する場合は、**預金するよりも債券を持つ方が運用効率が高くなりやすい**といえます。

　満期日は、債券投資では**償還日**と呼ばれます。基本的には、貸したお金が全額返ってきますので、株などと比べると**元本割れリスクが小さい**のが特徴。

　また、預金を中途解約できるように、債券は、債券そのものを市場で売却することによって現金化することができます。

　ただし中途契約の場合は元本割れする可能性もあるので、注意が必要です。

債券投資の

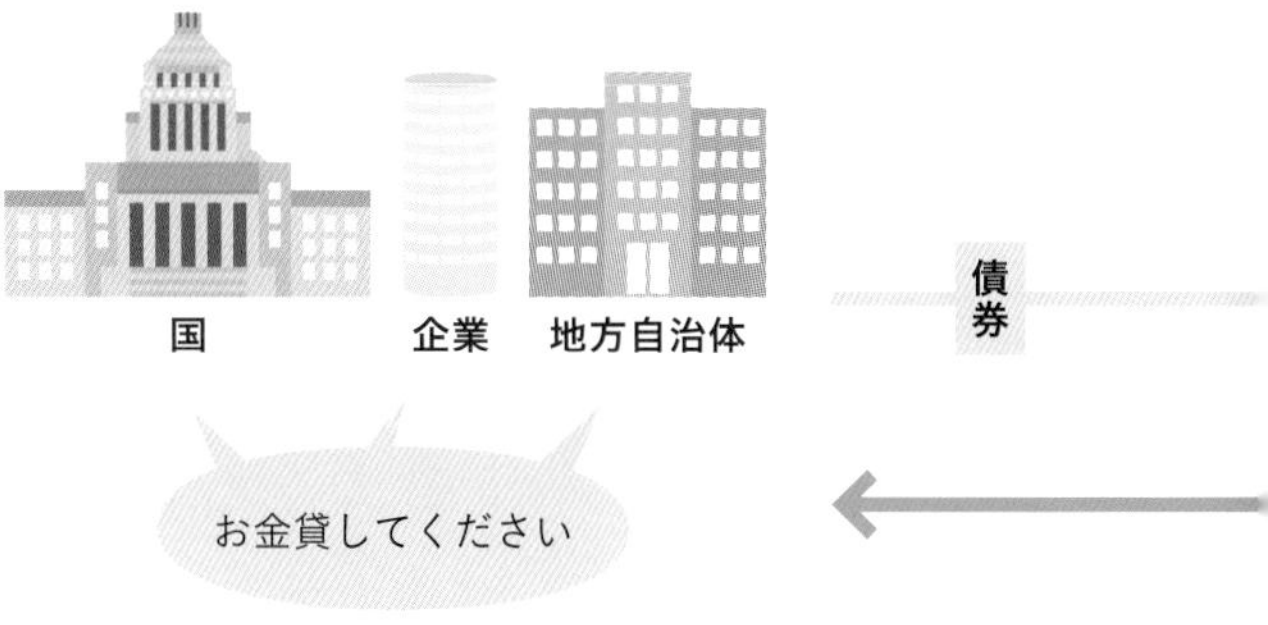

投資信託で運用する

手軽に始めやすい ビギナー向けの運用方法

投資信託は、証券会社や銀行などで購入できる金融商品です。**大勢の投資家から資金を集め、複数の株や債券、不動産などで運用**することから、一般的に「ファンド（基金）」と呼ばれています。リスク管理も株に比べ容易なため、取り組みやすく、ビギナー向けの商品といえるでしょう。

ここでは投資信託は、大勢の投資家から資金を集め、複数の株や債券、不動産などで運用することから、一般的に「ファンド（基金）」と呼ばれます。

投信委託会社と呼ばれる「運用会社」が投資信託を設定、運用指図をし、「管理会社」と呼ばれる信託銀行が市場を通じて売買を行い、顧客資産を管理しています。また、「販売会社」である銀行や証券会社は、投資信託を多くの投資家に説明販売をするという形になっています。

投資信託は、通常1万円から購入できますが、近年ではネット系の証券会社を筆頭に100円や500円からでも購入できるようになっており、手軽に始められる投資としても注目を集めています。

投資信託も、株式と同様に毎日値動きがあります。この価格を「**基準価額**」といい、投資家が購入する際の基準となります（投資信託を新規設定する時の価格はすべて1万円となっています）。

投資信託の規模と価値

純資産総額

投資信託が投資家から集めた資金の総額と、投資信託の運用結果を加えた金額

例）10人が10万円ずつ購入＝100万円
運用がうまくいき５％の利益を獲得＝105万円

Point　純資産総額が大きい方が幅広く投資でき運用が安定しやすい

基準価額

純資産総額を販売している口数で割り算したもの

例）全10口の投資信託の場合
純資産総額１0万円なら、基準価額は1万円
純資産総額１5万円なら、基準価額は1.5万円

Point　基準価額が上がっている投資信託は運用がうまくいっている

投資信託は大きく2種類ある

投資信託の投資先はさまざまですが、投資先の分野や業種などは、あらかじめ決められています。

例えば、投資先に株を含む（含むことができる）ものは**株式投資信託**といいます。対して、株を含まず、債券などに投資するものは**公社債投資信託**といいます。株の方が、債券よりも値動きが大きくなるため、リスク・リターンも株式投資信託の方が大きくなります。

2つに大別したうち、株式投資信託のなかでも、種類は多岐にわたります。国内株に投資するものもあれば海外株に投資するものも。翻って、日経平均株価のような株価指数と連動するように設計されているものもあれば、値上がりしそうな銘柄に絞って投資するものもあるのです。

投資信託の特徴を目論見書で確認する

投資信託選びでは、どんなものに投資し、どのくら

分類（一例）

投資先の範囲

国内型	主に国内の株・債券で運用
海外型	主に海外の株・債券で運用

Point 外貨建ての場合、為替変動の影響を受ける

いのリスク・リターンがあるのかを把握することが重要で、これを把握するための書類が、販売会社が交付する**「目論見書」**です。

目論見書には、「投資信託の特徴」「運用方針」「運用に係るコスト」「投資対象」「運用リスク」など、その投資信託自体のことがまとめられています。そのなかで、投資家が購入する際には、**販売会社は必ず「交付・説明」することが義務付け**られています。購入を決める前に必ず内容を確認するようにしましょう。

また、投資信託がビギナーに向いている理由として、他の投資商品と比べて、少額から投資することができるという点が挙げられます。

株式の場合、銘柄によっては数十万円から数百万円の資金が必要となりますが、投資信託の場合は1000円、500円といった少額の金額から取り組むことができるメリットがあるのです。

投資信託の

投資対象

株式投資信託	株に投資可能 （投資しなくても良い）
公社債投資信託	株に投資できない

Point　不動産、原油、金などに投資する投資信託もある

投資信託のメリット

金額ベースでの投資ができる

投資信託にはビギナーにうれしいメリットがあります。前ページで触れた、少額で投資できることがそのひとつ。その点についてもう少しだけ補足しておきましょう。

株式投資と比べてみると、株は最低投資金額が高い銘柄があり、投資予算をオーバーしてしまうことがあります。「業績が良さそうだ」「株価が上がりそうだ」と判断できたとしても、投資資金が足りなければ買えません。

つまり、投資先の選択肢が、予算の都合で限定されてしまうことがあるのです。

その点、投資信託は株と違い、価格ベースで投資するのではなく、金額ベースで投資するという特徴があるため、予算の制限を受

制限を受けにくい

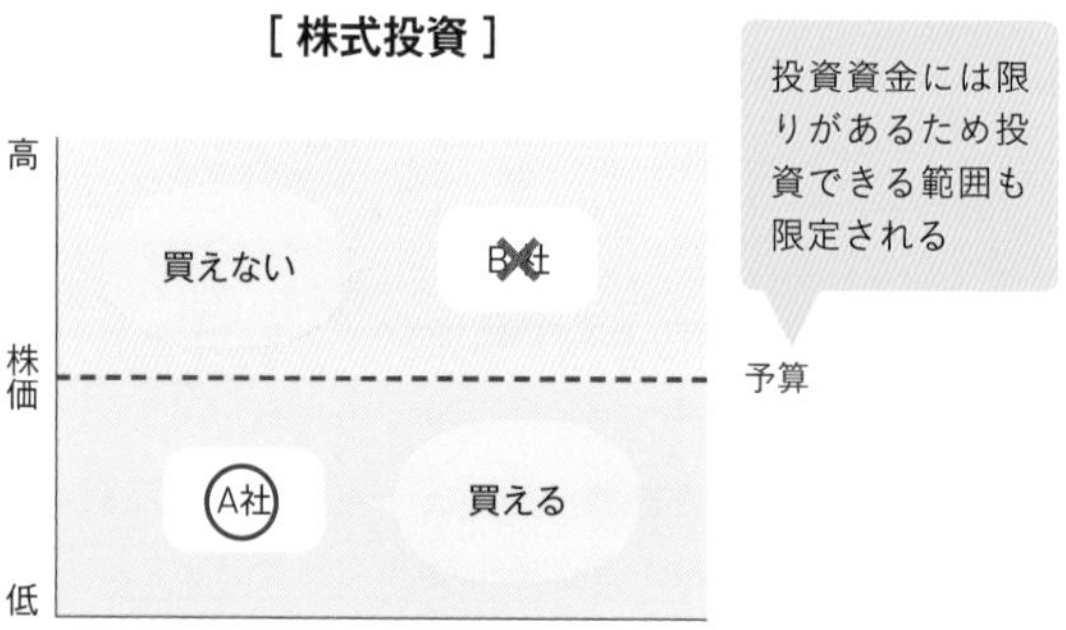

けにくくなります。

複数の銘柄に投資するという投資信託の性質上、「この株が欲しい」と思った銘柄だけを買うことはできません。

ただ、最近の投資信託は多様化していますので、「欲しい」と思った銘柄が製造業なら、製造業に絞った投資信託を探すことができます。

分析の手間を抑えられる

ビギナーにとっては、**個人で株や債券の分析などをする必要がない**点も大きなメリットといえます。

例えば、株式投資の場合は、値上がりしそうな銘柄を選びます。しかし、そのためには細かな情報収集や分析が必要です。国内の株式市場だけでも約3700種もの銘柄があり、外国株を含めると、その数は何倍にもなるでしょう。この作業をビギナーが行うのは現実的とはいえません。

一方、投資信託はリスク・リターンに関する方針などを踏まえればよいだけですので、**手軽にはじめ**

投資予算の

株式投資（個別株への投資）では、１単元の価格が高いものに投資できないことがある。一方、投資信託は価格が低く設定されているため、投資機会をしっかりつかめる。個別株では投資できなかった銘柄に、間接的に投資することもできる。

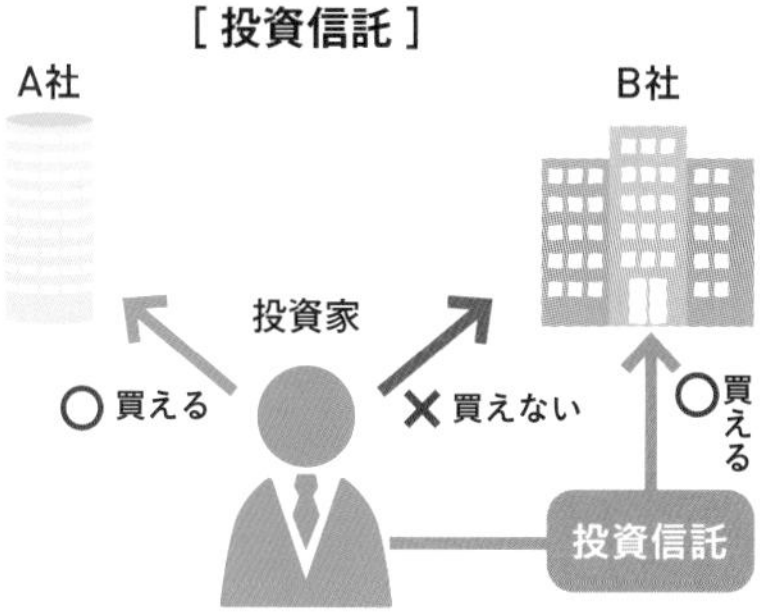

ることができます。情報不足や分析力不足が原因で失敗する可能性も抑えることができます。

海外商品にも簡単に投資できる

投資先を探している人の中には、外国の株や債券に興味を持つ人もいるかもしれません。アジアやアフリカの国・企業に注目するかもしれませんし、米国のIT企業に投資したいと考える人もいます。

投資対象を広げることは、リターンを得る可能性を広げることにつながります。ただし、その場合は海外の経済状態や為替の値動きなどに関する知識が求められます。銘柄によっては、個人で売買するのが難しかったり、売買の手続きが複雑で、ハードルが高いこともあります。

そのような時でも、例えば海外の株や債券などを組み入れる投資信託を利用すれば、個人としては特に手間をかけることなく投資することが可能です。少額で投資でき、予算という制限がかかりにくいことに加えて、投資先の範囲についても制限がかかりにくくなるのです。

用語解説

最低投資金額

株を１単元買うための金額。単元は、銘柄ごとに定めている売買の単位。株価１００円、１単元１００株の場合、最低投資金額は10万円となる。

投資信託の種類ごとのリスク

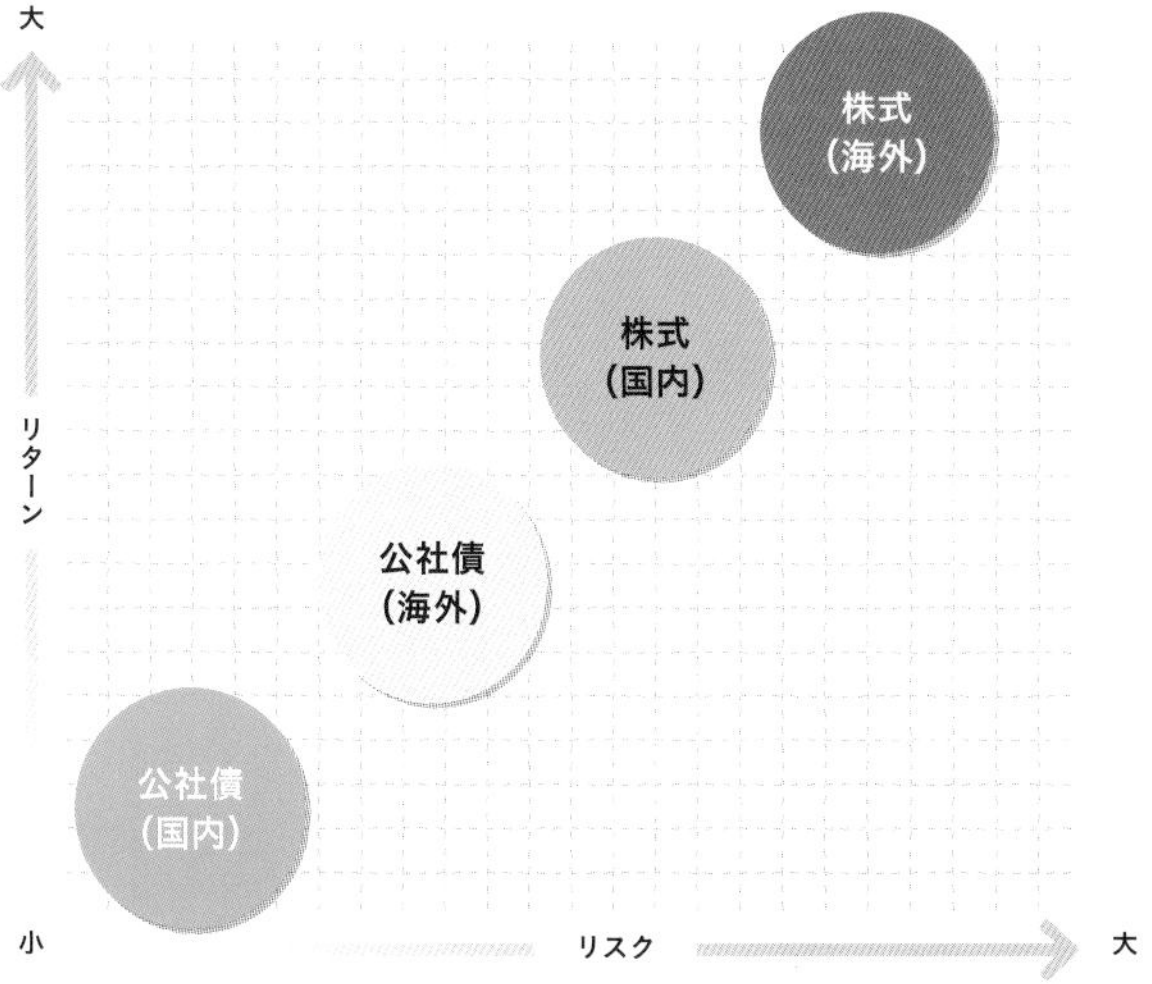

ビギナーのハードルを下げられる

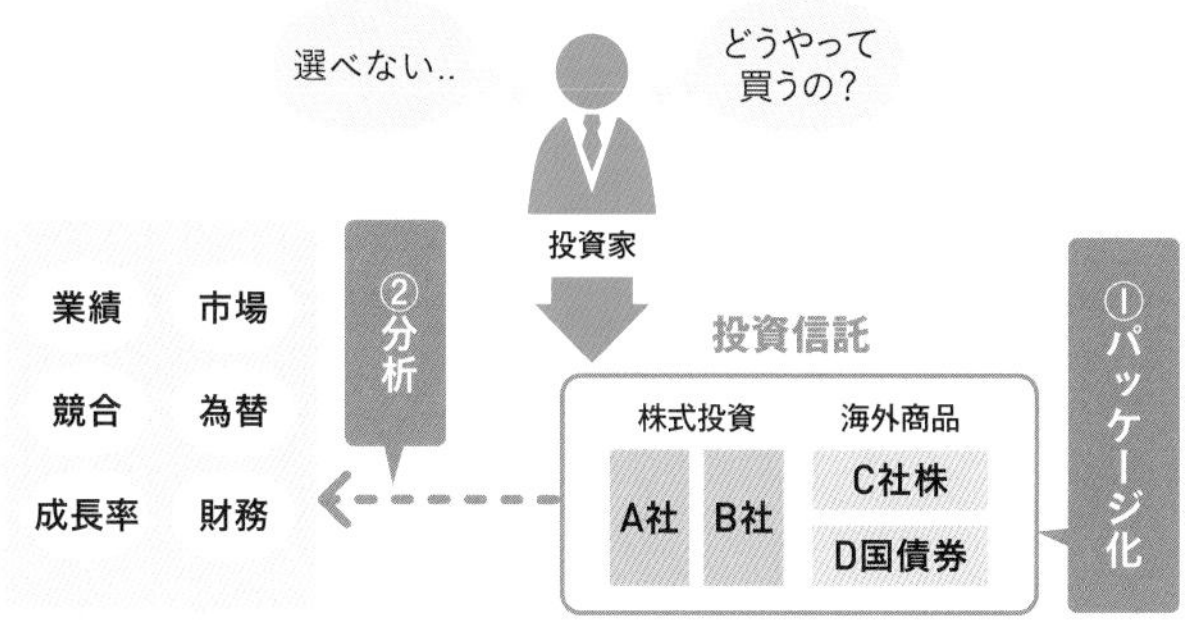

分配金の仕組み

運用益の一部を非課税で還元

　投資信託には、分配金というインカムゲインがあります。例えば、毎月分配型と書かれている投資信託は分配金が月々受け取れるタイプです。投資家としては、ちょっとした収入になり、投資している実感が得やすくなります。

　ただし、投資信託の中には分配金がないものもあります。どちらを選ぶか迷ったときのために、違いを押さえておきましょう。

　まず分配金とは何かというと、**投資信託の運用益の一部を投資家に還元する**ものです。運用益から払われる分配金のことを「普通分配金」といいます。

　ただし、運用結果によっては分配金の額が減ったり、分配金が払われないこともあります。この点が、銀行の利息と異なるところです。

　運用益が出ていないときに分配金を出す場合は、投資信託が集めた資産の中から払わなければなりません。このお金のことを「**特別分配金**」といいます。

　いずれも投資信託の資産総額から支払われますが、普通分配金は投資の利益ですので、受け取る際には税金がかかってしまいます。しかし、特別分配金については投資家が投資した資金が分配金として戻ってきているのと同じです。そのため、利益とはならず、非課税扱いになります。

分配金と基準価額の関係

分配金ありの投資信託は、分配金を支払うことによって純資産総額が減る。純資産総額は、基準価額を決める要素であるため、分配金支払い後（分配金落ち日）は基準価額も下がる。

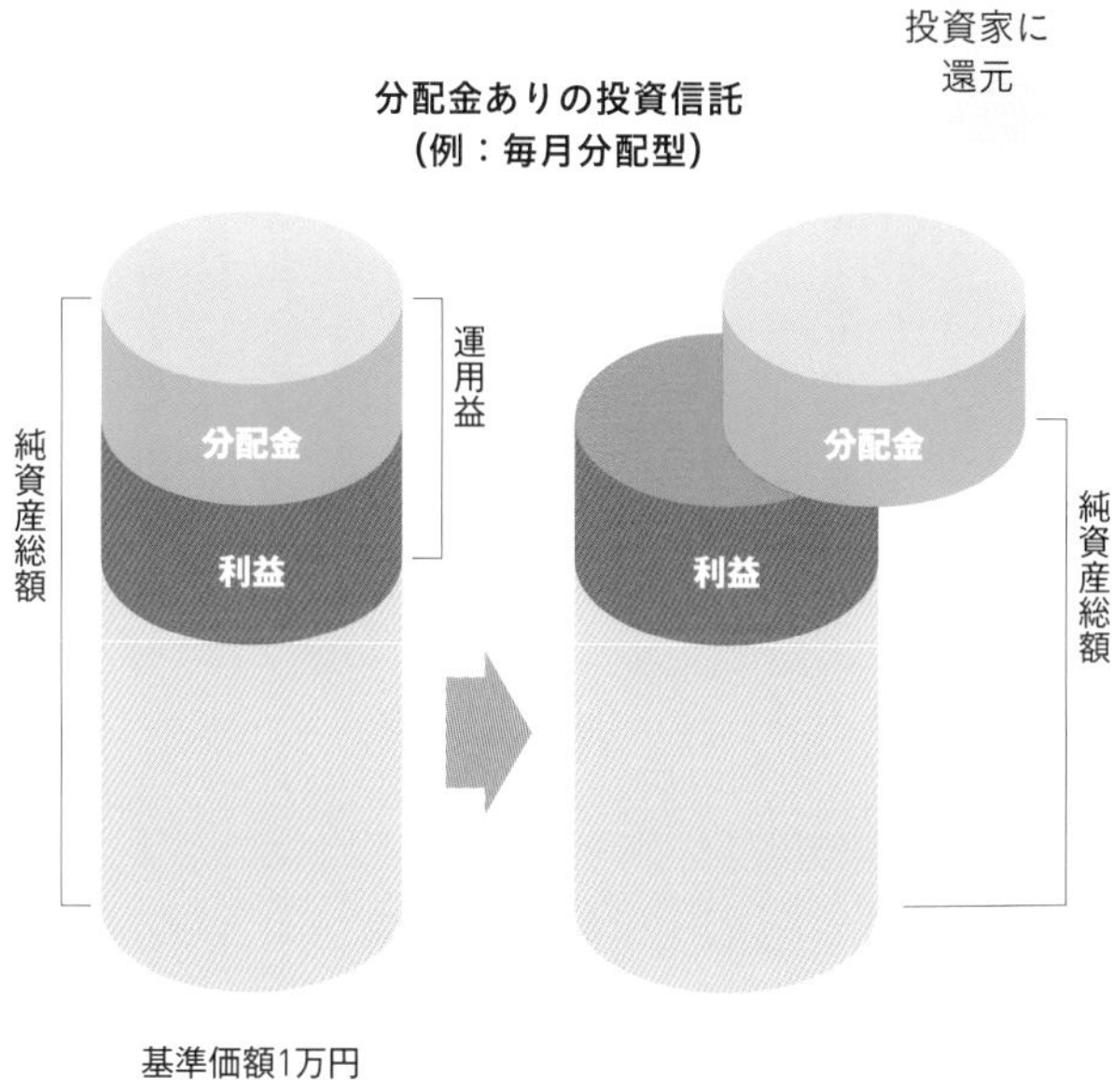

再投資型の方が投資効率がよい

分配金なしの投資信託は、**「再投資型」**と呼ばれます。このタイプには分配金がありませんのでインカムゲインが得られません。

そう書くと「損なのでは？」と感じるかもしれませんが、そうではなく、むしろ運用効果としては得になります。

再投資型は、運用益を再び投資信託の資産に組み入れ、投資（再投資）する仕組みです。

例えば投資信託の純資産総額が100億円で、今年の運用益が2億円（2％）だったとしたら、純資産総額は102億円になります。

一方、分配金ありの投資信託は運用益を投資家に還元します。分配金の支払い総額が2億円だったとしたら、支払いを終えた段階で純資産総額が102億円から100億円に戻ります。この2億円の差がポイントです。

仮に翌年の運用益がどちらも2％だった場合、再投資型は2億400万円の利益を得ます。一方、分配金ありの投資信託は純資産総額が100億円に戻っていますので、利益は2億円です。つまり、**分配金となる資金を再投資することにより、より大きなリターンが得られる複利効果となります。**

このような特徴があるため、投資効率を高めたい場合は再投資型を選ぶ方が有利になります。

用語解説

特別分配金

投資信託の分配金のうち、純資産総額の元本部分から支払われる分配金。純資産総額が減るため、基準価額が下がり、運用効率が低下しやすくなる。

分配金には2種類ある

投資信託は株などで運用するため、必ず運用益が得られるわけではない。そのため、分配金として支払うお金が足りない場合は純資産を削って払わなければならない。

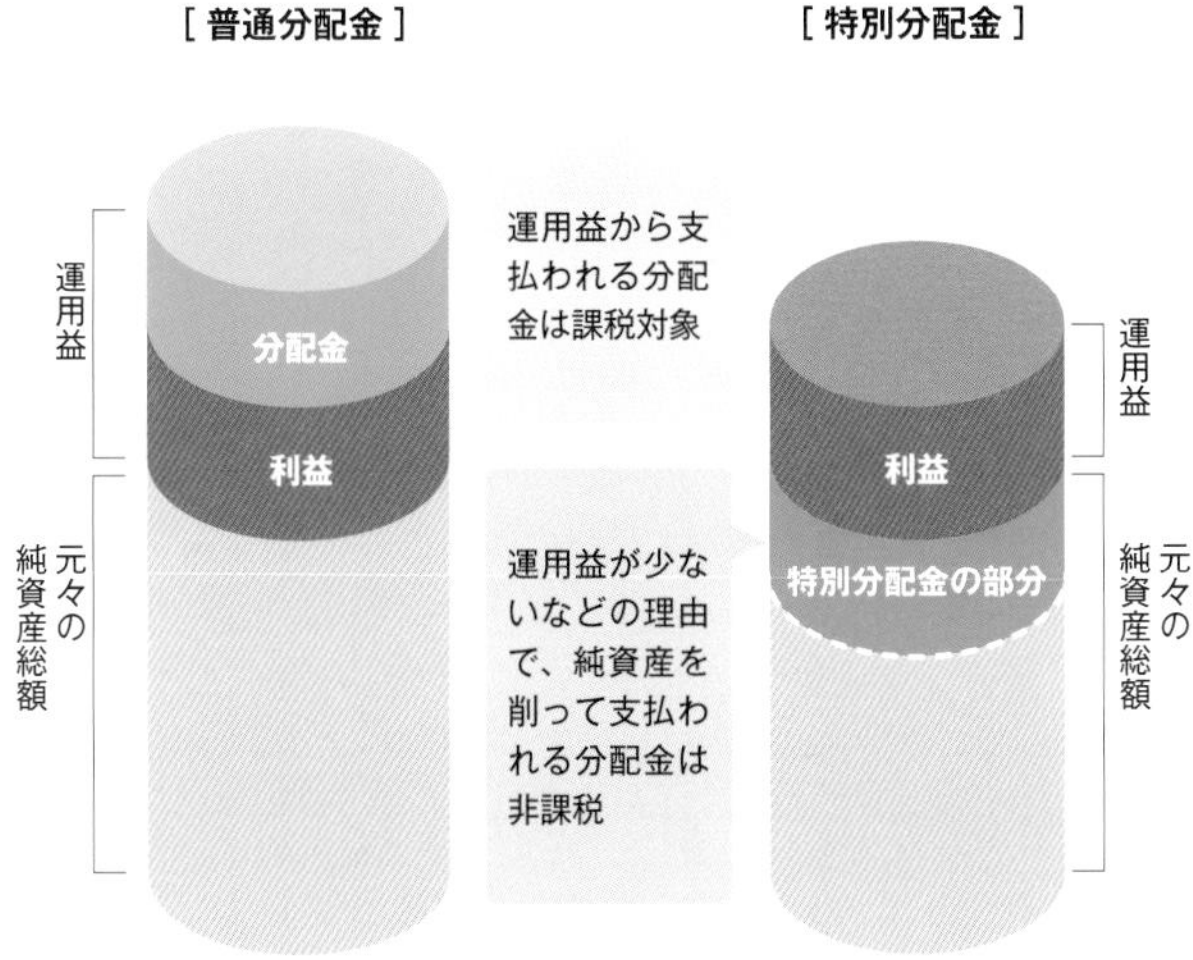

分散投資でリスク管理

投資先が増えるほどリスクは小さくなる

投資信託には、もうひとつ大きなメリットがあります。それは、複数の株や債券に投資するという特徴があるため、**自動的に分散投資できる**ということです。

まずは分散投資について押さえておきましょう。

分散投資とは、**投資先を分散することにより、株価・債券価格の下落時などに受けるダメージを抑える**ことをいいます。資金を守り、投資を長く続けていくために、もっとも重要な考え方のひとつといえます。

例えば、１００万円の資金を１つの株に投資するのが集中投資で、10万円ずつ10銘柄に分けて投資するのが分散投資です。

資金を集中させるほどリスクは大きくなる

集中投資をした場合、選んだ銘柄が値上がりしたときには大きなリターンが得られます。

しかし、必ずしも狙い通りに上がるとは限りません。業績悪化のニュースが出たり、相場の変動要因（為替変動、経済指標の悪化、自然災害など）により、相場が急落したりすることも往々にしてあるのです。すると、大きな損失が出てしまいます。そもそも、値動きを読み当てることは、誰にもできません。

その点、投資先を分散していれば、仮に１つの銘柄が急落しても、集中投資した場合よりもダメージは小さくなります。相場の急変時に、値下がりする銘柄があっても、同時に何か銘柄が値上がりすることも原理としては考えられます。その差し引きによって、損失を抑えることを目指すのが健全といえるでしょう。

「卵を1つのカゴに盛るな」という投資格言があるように、投資資金を分散し、リスクを抑えることが大事です。**投資先が増えれば増えるほど、リスク・リターンは小さくなります。**この考え方は、株や為替など、その他の投資でも同じです。

少額投資でも分散投資効果がある

十分な資金があれば、自分で分散方法を考え、複数の銘柄に投資することもできるでしょう。

しかし、限られた資金で投資する場合は分散投資も難しくなります。株の場合、1単位あたり数十万円する銘柄が多いため、仮に投資資金が100万円あったとしても数銘柄にしか分散できません。

その点、投資信託では**自動的に分散投資ができます。**

例えば、日経平均株価連動型の投資信託は、東証一部に上場している225種の株に投資します。つまり、この投資信託を買うと、225銘柄から選んで分散していることになります。

TOPIX連動型の投資信託はさらに投資先が多く、東証一部に上場している約2千銘柄に投資します。個人で2千銘柄に分散するためには莫大な資金が必要です。しかし投資信託なら仮に投資額が1万円でも、2千銘柄に投資するのと同じ分散投資効果が得られるのです。

分散投資効果を高める

値動きが異なる商品を組み合わせる

投資信託は複数の商品を組み入れるため、分散投資効果が高くなるという特徴があります。また、積立方式で細かく購入していけば、さらに分散投資効果が高くなります。

分散投資によって値動きの影響を抑えることは、投資の安全性を確保するための、基本的な考え方です。

投資信託はそれを自動的に実現できますが、株、為替、仮想通貨などの投資でも分散投資は重要になります。

個別で株などを取引する人や、投資信託の分散投資効果をさらに高めたい場合には、**値動きの異なる商品を組み合わせることがポイント**です。例えば、株と債券は概ね逆の値動きをしますので、両方持つ

組み合わせ例

例　投資資金を株式型と債券型に半分ずつ分散

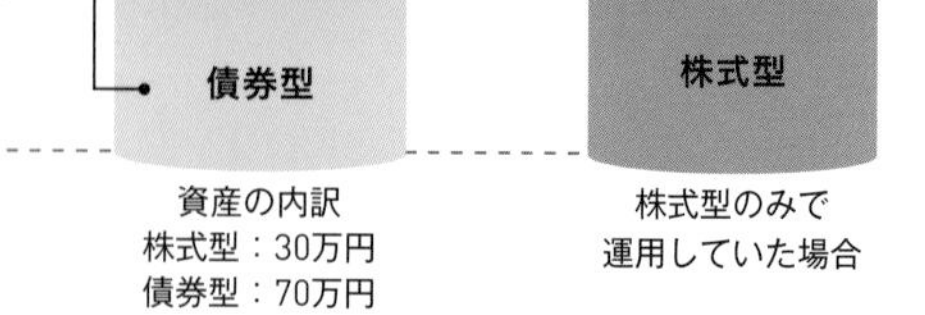
債券価格上昇で債券型で利益が出る
景気悪化
株式型のみの場合は景気悪化時にマイナスになる
景気悪化
損失

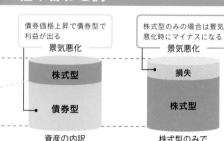

ことによって資産全体の値動きは安定しやすくなります。

値動きの特徴を押さえておく

投資信託も同じで、複数の投資信託を買う場合、株式型と債券型を持つと資産総額が安定しやすくなります。

組み合わせ方によって資産の増減リスクが抑えられる理由は、商品によって景気や相場変動の影響が異なるためです。

株（株式型投資信託）と債券（債券型投資信託）を例にすると、景気が良くなった時には、株が値上がりし、債券が値下がりします。また、世の中がインフレに向かうと、株が値上がりし、債券が値下がりする傾向も。

このように、商品により値動きの特徴が変わるのがポイントです。ここを押さえておくことで、**景気変動などに影響を受けづらい資産配分ができるようになる**わけです。

投資予算の

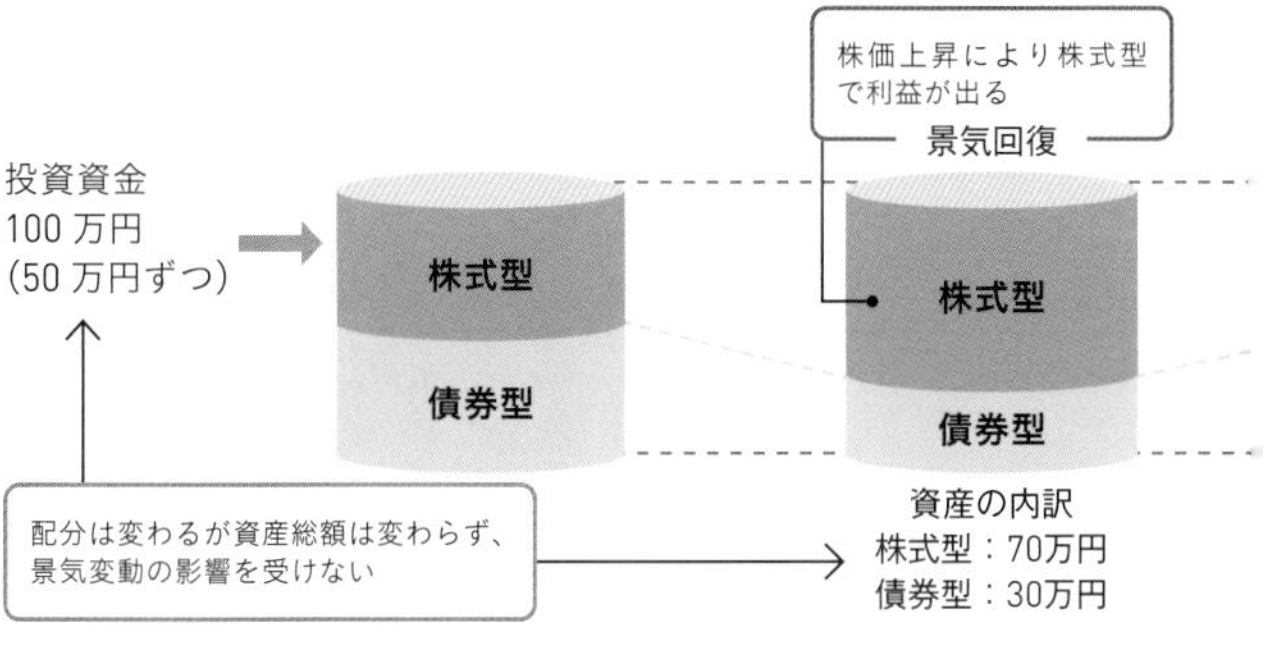

景気動向に合わせて定期的に配分を見直す

これから投資をはじめる場合は、特にインフレの影響を考えることが大事です。

日本はバブル経済の崩壊以降、ずっとデフレの状態が続いていたわけですが、現在はデフレを脱し、インフレに向かっています。

仮にインフレ傾向が続くとすれば、インフレで価値が減る現金や、現金に近い性質を持つものよりは、持ち替えをおすすめします。つまり、インフレ時に値上がりしやすい**株、不動産、REITなどを持っておく方が資産を増やしやすくなるのです。**

そうしておけば、将来的にまたデフレになったときには、株や不動産などを売り、現金化することで資産を守ることも可能に。

中長期で投資していく場合は、このような景気変動に目を向けることが重要です。

景気の変化は、例えば、インフレ率の推移などを見ることによって把握できます。

身近な指標としては、日経平均株価などの株価指数や、預金や債券（国債など）の利回りを見ることもできます。

投資先も自動で調整してくれる

景気は必ず循環しますので、よくなる時があれば悪化する時もあります。中長期の運用を前提として投資信託を持つ場合も、そのことを念頭に置きつつ、**定期的に保有する投資信託の種類を確認し、必要に応じて持ち替える**ことが大切です。

その手間を抑えたい場合は、投資先を定期的に見直し、入れ替えてくれる（リバランスといいます）**バランス型**と呼ばれる投資信託を検討するのもひとつの方法です。

景気変動時の値動き

インフレが進みやすい

	景気回復・好調	景気悪化・不調
株、不動産、REIT（不動産投資信託）	値上がり	値下がり
預金、債券、保険、個人年金保険	値下がり	値上がり

デフレが進みやすい

分散投資の考え方

値動きを完璧に読み当てることは不可能。長く投資を続けるためには、外した時のマイナスを小さく抑えることが大事。

		A社の業績が好調 株価が10% UP	A社の業績が不調 株価が10% DOWN
集中投資 投資資金 100万円	A社 100万円	資産額 110万円 （10万円 プラス）	資産額 90万円 （10万円 マイナス） マイナスが大きい
分散投資 投資資金 100万円 （25万円ずつ）	A社 25万円 B社 25万円 C社 25万円 D社 25万円	資産額 102万5千円 （2万5千円 プラス）	資産額 97万5千円 （2万5千円 マイナス） マイナスが小さい

投資信託のコスト

運用コストを下げて投資効率を高める

投資信託での運用では、投資信託の投資先や数などとともに、手数料も確認しておきましょう。**手数料は実質的なマイナス**です。運用で利益が出ても、手数料が高ければ利益が減ったり、場合によってはマイナスになったりすることもあります。また、投資信託を売買する回数や保有する期間によっても、注意するポイントが異なります。

投資信託には、主に**3つの手数料**があります。

まずは、投資信託を購入する際に、販売会社である銀行や証券会社に払う**販売手数料**です。

金額としては投資信託の価格の3%以下のものが多く、手数料がかからない**ノーロード型**と呼ばれる投資信託もあります。

販売手数料について重要なのは、**投資信託を購入するたびに発生する**という点です。そのため、購入頻度が多い人ほど注意が必要です。「毎月コツコツ積み立てていこう」と考えている人などはノーロード型を検討するとよいでしょう。

逆に、1年に1回くらいしか売買しないという人であれば、販売手数料を気にする必要性が下がりますが、最近では、ネット証券の多くが販売手数料を無料にしていく傾向にあるようです。

投資信託の3つのコスト

投資信託は、株などと異なり保有中も手数料がかかるのが特徴。中長期で保有する場合はコスト負担に注意が必要。

［信託報酬の額（率）］

高

アクティブ型。銘柄を入れ替えるなどして積極的にリターンを狙うタイプ

安

パッシブ型、インデックス型。株価指数などに連動するタイプ

保有期間中もコストがかかる

2つ目は**信託報酬**と呼ばれるもので、投資信託を保有している間に発生します。

信託報酬は、わかりやすくいえば、投資先の入れ替えや組み入れ銘柄の売買などを行うための管理費です。そのため、運用の手間がかかる投資信託は高く、かからない投資信託は安くなります。

例えば、積極的にリターンを狙う**アクティブ型**は、銘柄を厳選し、細かく入れ替えます。つまり手間がかかるため、信託報酬も高くなります。

反対に、日経平均株価やTOPIXと連動する投資信託は、単純に225採用銘柄や東証一部上場銘柄を組み入れるだけですので、運用の手間がかかりません。これらは、アクティブ型に対してパッシブ**型**や**インデックス型**と呼ばれるもので、信託報酬が安く設定されています。

ただ、仮に信託報酬が安かったとしても、保有期間が長くなるほど手数料負担は積み上がっていきま

積み立てる人の注意点

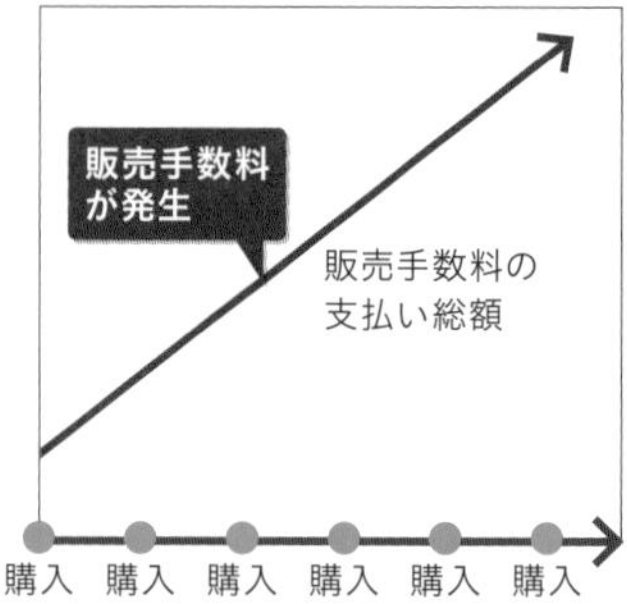

Point
販売手数料は購入するたびにかかる。購入頻度が多い人は、手数料がかからないノーロード型を検討してみよう

す。そのため、**中長期で保有しようと考えている人ほど信託報酬が安い投資信託を選ぶことが重要**になります。

3つ目は、投資信託を売却し、換金する時にかかる信託財産留保額です。このお金も、売買の頻度が多くなるほど負担になります。

ただ、販売手数料や信託報酬などと比べると金額が低く、0円に設定している投資信託もあります。そのため、それほど大きな負担にはなりにくく、販売手数料と信託報酬を優先して確認したほうがよいといえます。

用語解説

ノーロード型

販売手数料無料の投資信託。従来窓口で行っていた投資信託の説明業務などを簡素化(ウェブ上で確認)し、その分のコスト減を手数料に反映している。ネット証券で取り扱いが多い。

中長期で保有する人の注意点

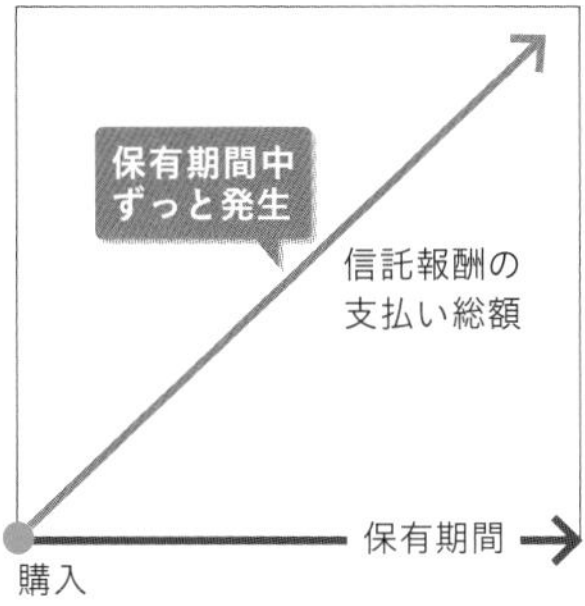

Point

保有期間が長くなるほど信託報酬の負担も大きくなる

REITで手軽に不動産投資

不動産投資特有のリスクを解消

投資信託の中には、不動産に特化して投資するものもあります。このタイプの投資信託を**REIT（J-REIT）**といいます。

不動産投資というと、マンションなどを購入して賃貸に出したり、転売する取引を思い浮かべる人が多いかもしれません。確かに、実際の物件（実物不動産）を扱うのが不動産投資の王道といえます。

しかし、これから投資を始める人にとっては、資金的なハードルが高く、物件選びの専門知識なども求められます。購入後も、賃貸の場合は空き家になるリスクがあり、物件のメンテナンスなどに手間がかかります。転売では買い手探しに苦労することも……。

REITは、そのような課題を解消できる投資です。実物不動産ではなく、不動産投資の有価証券を売買するのがポイントです。投資家としては、**株や債券で運用する投資信託を買うのと同じように不動産投資ができる**のです。

投資家から集めた資金で複数の不動産に投資

REITの仕組みは、これまでに説明した投資信託の仕組みと同じです。つまり、不**動産**

投資に興味を持つ大勢の人から資金を集め、専門家が選ぶ物件に分散して投資します。具体的にいうと、不動産投資法人と呼ばれる会社が資金を集め、住宅、マンション、商業施設、倉庫などに投資します。投資家は、投資先となる物件の種類や、利回り・利益率などを比べて、購入するREITを選びます。

不動産投資で利益が出れば、REITの価格が上がります。例えば、10万円で購入したREITが12万円になれば、**売却することでキャピタルゲインを得る**ことができます。

また、REITの利益を**分配金として定期的に受け取ること**もできます。これは、株の配当金のようなものですので、中長期で保有し、インカムゲインを得たい人にも向いているでしょう。

他の投資信託よりもリターンが大きい

株の配当金と比べると、REITの分配金の方が投資家が手にする金額が多くなりやすいという特徴もあります。

その理由は、税金です。

一般企業の場合、利益から税金（法人税）を引いた金額が配当金の原資になります。一方のREITは、賃貸などで得た利益の90％以上を分配金にするという条件を満たすと、**税金が免除**されます。その分、投資家が受け取る分配金も増えるのです。

また、REITは市場で売買されますので、現金化も簡単です。市場での売買方法も株と同じですので、誰でも簡単に不動産投資をはじめることができます。

用語解説

J-REIT

REITはもともと米国で生まれた投資商品。その仕組みを踏まえて、2011年に日本版のREITが誕生した。JはJAPANのJ。国内市場で売買されている。

ETFで自由度アップ

市場でいつでも売買できる投資信託

投資信託の中には、株と同じように市場で売買できるタイプのものもあります。これをETFといいます。市場で売買できることでどんなメリットがあるのでしょうか。

一般的な投資信託のなかで単位型と呼ばれるものは、投資家から資金を集める期間（募集期間）が設定されます。この期間に集まった資金を基に実際の運用がスタートし、期間を過ぎた場合は購入できません。

また、いつでも買える投資信託（追加型・オープン型）もありますが、このタイプも売買は1日1回のみ。市場が閉じた後で、その日の取引価格（基準価額）が決まります。そのた

Funds）の仕組み

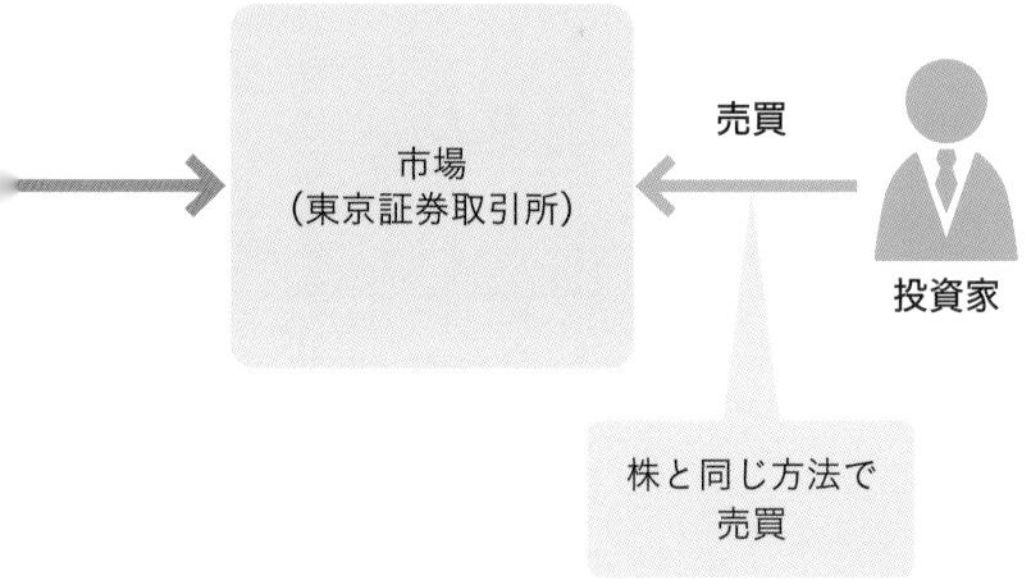

め、急に現金化する用事ができたり、相場の急変に合わせて売買したい時（平日9時〜15時・昼休みあり）などに対応できません。

一方、**ETFは市場が空いている時であればいつでも売買可能**です。「買いたい」「売りたい」と思ったタイミングで売買できるため、自由度が高くなります。

日経平均株価など さまざまな指数と連動

ＥＴＦはインデックス型の投資信託の一種で、日経平均株価やＴＯＰＩＸなどの指数（インデックス）と連動するように設計されています。そのため、銘柄入れ替えの手間などがかからず、信託報酬などのコストが安く抑えられるのが特徴。この点は、長期保有したい人にとってメリットといえるでしょう。

また、日経２２５採用銘柄や東証一部上場銘柄など多数の銘柄に投資しますので、分散投資効果が高いのも特徴です。

例えば、個別銘柄は１日に20％近く値動きするこ

ETF (Exchange Trade

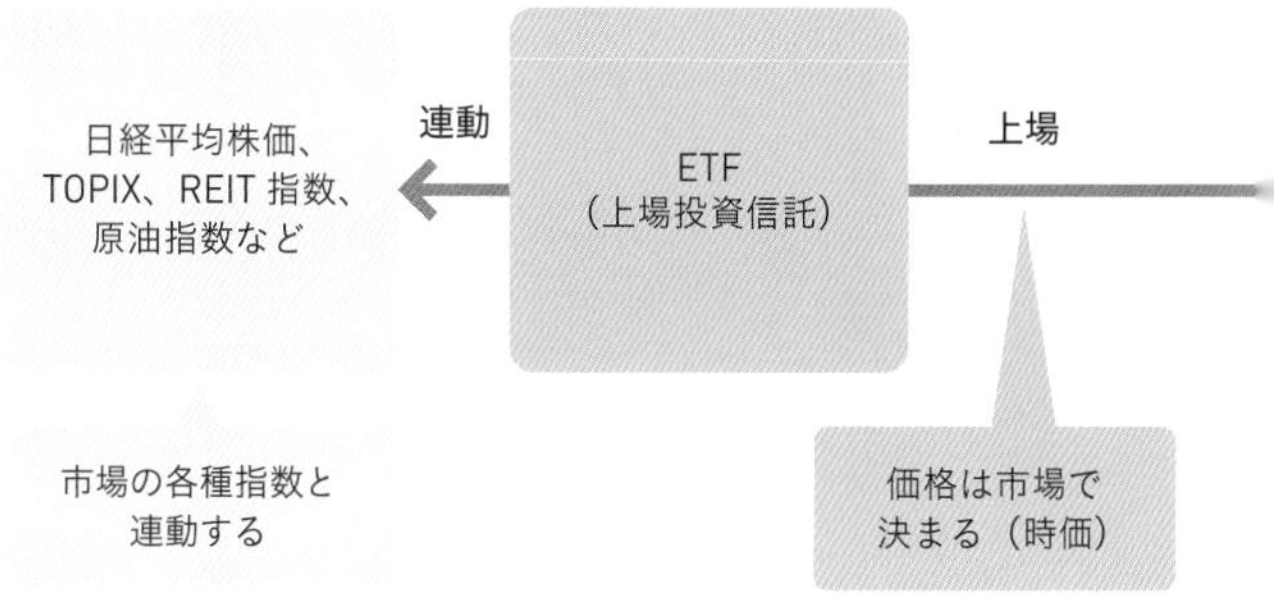

とがありますが、日経平均株価やTOPIXは、大きく動いても数%です。リスクを抑えつつ株に投資でき、注文や売買の方法が株と同じですので、将来的に個別株の投資をしたいと思っている人にとっては**株取引に慣れる手段にもなります。**

さらに、**値動きが把握しやすい**点も特徴といえるでしょう。

例えば、日経平均株価やTOPIXなどの指数は、日々の経済ニュースなどの中で報じられています。手間をかけて調べようとしなくても、少しニュースを意識するだけで自分が保有していたり、買いたいと思っているETFの値動きが、簡単にわかるのも魅力のひとつでしょう。

ちなみに、日経平均株価など株価指数と連動するETFのほかに、金、原油、小麦、REITなどと連動するETFもあります。海外の株や債券と連動するETFもあるため、海外投資に興味がある人は検討してみるとよいでしょう。

ETFは、1口数万円から買えるものがほとんどですので、これから株式投資を始めたい人にとっても、株のほかに投資対象を広げたい人にとっても、手軽な商品といえます。

用語解説

指数（インデックス）

投資商品の値動きを把握しやすくするために作られた数値。日経平均株価やTOPIXが代表的で、ほかにもダウ指数、REIT指数などがある。ETFを含むインデックス型は各種指数と連動して値動きする。

ETFの種類

東京証券取引所には約200種のETFが上場している。株価連動型のほか、専門知識が必要な貴金属や農産物の投資もETFなら手軽に始められる。

主要な株価指数はニュースなどで報じられるため、値動きが把握しやすい

株価（指数）と連動

- 日経平均株価連動型
- TOPIX 連動型
- 外国株連動型

不動産、債券、その他商品価格と連動

- 金
- 原油
- 債券
- REIT
- プラチナ
- 農産物

売買方法は株や株価指数連動のETFと同じ。商品取引の専用口座などを開かなくても、投資対象を広げられる

時間を味方につける

投資の成果を決める3つの要素

投資信託は分散投資効果が高く、その分だけ株などと比べてリスク・リターンが小さくなります。

そのため、利益を得るためには焦らずに、着実に時間を味方につけることが重要です。中長期で保有することで、ローリスクの状態を維持しながら、利益を積み増していくことができます。

では、投資期間はどれくらいを目安にすればよいのでしょうか。

まず押さえておきたいのが、投資の成果（利益）は「**投資資金×利回り×投資期間**」の**3つの要素**で決まるということです。

投資先によってリスクが異なる

投資資金は、当たり前のことですが、基本的には多いほど有利です。例えば、1年あたりの利回りが3％だった場合、投資資金10万円の人の利益は3千円ですが、100万円なら3万円になります。そのため、投資を始めたばかりの時は「資産が増えた」「儲かった」という実感が湧きづらくなります。

このじれったい期間を乗り越えることが重要です。実際、資産が増えるにつれて、資産が増えるスピードは上がっていきますから、安心して臨んでほしいところです。

利回りも高いほど有利です。

仮に投資資金が十分で、中長期で投資したとしても、預金のように利回りがほぼゼロであれば資金はほとんど増えません。

その点で比べると、預金よりも債券（国債など）の方が利回りが良く、投資信託はさらに高い利回りが期待できます。

投資信託の中では、債券で運用するものよりも株で運用するもののほうが利回りが高くなりやすいです。また、国内と海外の商品では、為替レートの変動がどうしても影響するもの。ですから、国内の商品で運用する投資信託よりも、海外の商品で運用する投資信託のほうが利回りが高くなりやすいといえます。

ただし、投資信託の利回りは確定していませんので要注意。システム上、元本割れするリスクがは払拭しきれません。

その特性から、**大きな利回りが期待できるものほど、損失が出る可能性も大きくなる**点に注意が必要です。

投資の利益の計算式

投資資金 × **利回り** × **投資期間**

投資資金	利回り	投資期間
投資資金が多いほど、資産は増えやすくなる	利回りが高いほど、資産増加のスピードが早い	資金が少なくても時間をかければ資産は増える

時間を味方につけて
じっくり資産を育てる

投資資金と利回りが同じであれば、**投資期間が長い方が有利**です。利回りがプラスであれば利益は時間とともに増えていきます。他方で、時間をかけることができるのなら、ローリスク・ローリターンの商品でも大きな利益を生み出すことができます。

投資信託は、この特徴を生かすことができる商品といえるでしょう。

投資というと、株や仮想通貨の短期売買のように、瞬間の値動きを捉えて大きなリターンを狙う取引を思い浮かべる人もいるかもしれません。

しかし、投資信託の運用は、瞬間ではなく中長期を前提としたほうがうまくいきます。

利回りは重要ではありますが、分散投資が効いている分、株や仮想通貨のように大きな利幅（値動き）は出ません。そのため、時間をかけることが資産を増やすためのポイントになるのです。

値動きと時間の関係

［値動きが大きい商品（株、仮想通貨など）］

例：半年で利益10%（年20%）

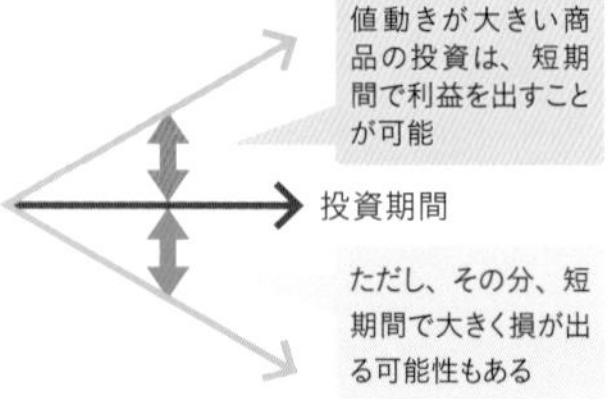
値動きが大きい商品の投資は、短期間で利益を出すことが可能
投資期間
ただし、その分、短期間で大きく損が出る可能性もある

［投資信託］

例：3年で利益10%（年3.3%）

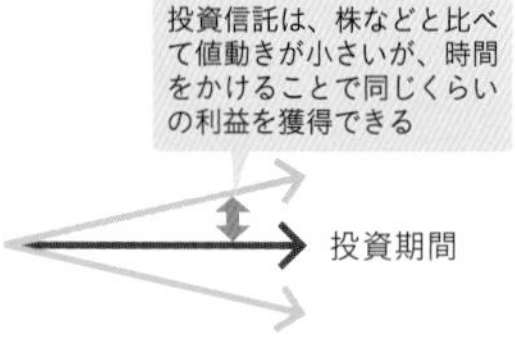
投資信託は、株などと比べて値動きが小さいが、時間をかけることで同じくらいの利益を獲得できる
投資期間

外貨で資産運用

外貨預金で得られる2つのリターン

　海外への投資では、外国企業の株などのほかに、海外の通貨そのもの（外貨）を取引することもできます。

　その点で、外貨預金はもっとも手近な商品といえるでしょう。外貨の運用では外貨専用の口座が必要になりますが、銀行に行けばすぐに口座が作れますし、資産額の管理も売買もインターネットで簡単に行うことができます。少額で始めたい場合には、外貨を積立方式で買っていくこともできます。

　外貨預金は、預金という名前がついている通り、基本的な仕組みは円預金と同じです。円預金が、円をそのまま預けたり引き出すのに対し、外貨預金は、**円を外貨に交換した上で預けたり引き出したりする**という点に違いがあります。

　重要なのは、その時の**為替レート**です。

　為替は株価などと同じように常に変動しますので、**その値動きによって利益が生まれます**。

　例えば、米ドルで預金する場合、1ドル＝100円の時に預け入れ、110円に上がった時に円に戻すと、1ドルにつき10円の利益が得られます。10万円の外貨預金であれば1万円、100万円なら10万円の利益が発生するわけです。

　このように、ドルに対して円の価格が上がる状態（例／1ドル＝100円から110円）を円安といい、逆に、円の価格が下がる状態（例／1ドル＝100円から90円）を円高といいます。

外貨預金の基本は、**円高の時に預け、円安の時に引き出す**（円に戻す）ことです。

また、円預金はほぼ金利がゼロですので、預けていても増えませんが、外貨の中には金利が高いものがあります。

例えば、オーストラリアドルやニュージーランドドルの金利は1％を超える場合もありますし、南アフリカの通貨であるランドの金利はさらに高くなっています。

このような外貨を中長期で持つことにより、利息（インカムゲイン）を得ることも可能です。金利が高い通貨は値動きが不安定になりやすいという注意点もありますが、**当面使う予定のないお金を外貨として持つ**のも有効な投資手段といえます。

実際の売買のレートを確認しよう

注意したいのは、外貨預金する際の手数料です。

銀行には円を外貨に換えるレート（TTS）と外貨を円に戻すレート（TTB）があり、大手銀行の場合、米ドルのTTSとTTBの差が0・5円ほどあります。ユーロや豪ドル、ポンドなどは1円以上空いていることも珍しくありません。

つまり、米ドルを買う場合は0・5円、その他の通貨の場合は1円以上円安にならなければ利益が出ないわけです。

そのため、外貨預金をはじめる場合は、ニュースなどで耳にする為替レートだけでなく、**銀行で実際に売買するレートを確認**することが重要です。また、売買頻度を減らし、手数料負担を減らすといった工夫も重要なポイントといえます。

利益が出る仕組み

米ドル預金をするということは、米ドルを保有するということ。米ドルの価格が上がる（円安ドル高）と利益が出る。

［外貨預金の基本］
Point 円高の時に買い、円安の時に売る

例：
米ドル／円の預金

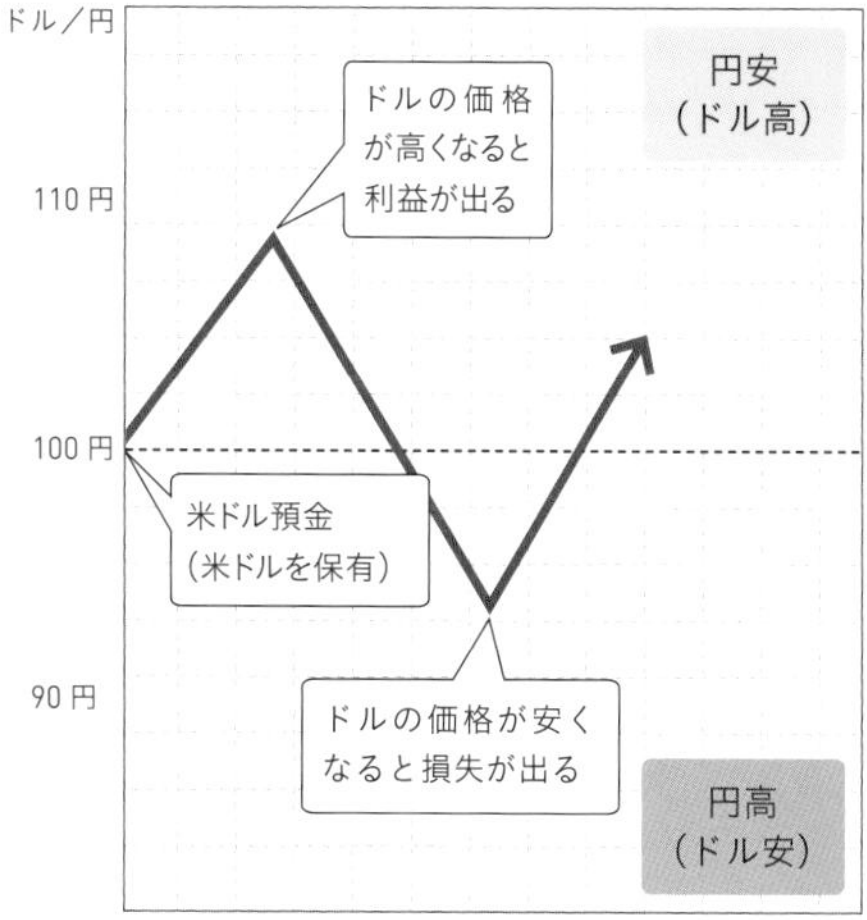

外貨建て保険が人気な理由

「外貨建て保険」は保険であると認識する

近年、日本の生命保険業界では外国通貨建て保険が大ヒット商品となり販売件数が増加しています。

「**外貨建て保険**」とは、契約者が支払った保険料を、保険会社が外貨で運用する保険商品のことで、年金保険や終身保険など、将来的に保険金や解約返戻金が戻ってくる貯蓄型の保険のことです。

現在、日本で販売されている「円建て保険」の場合では予定利率（保険会社が契約者に約束する運用利回り）が低水準となっており、返戻率（支払った保険料に対して、解約時にどれだけお金が受け取れるかの割合）も低くなっているので、貯蓄型の「円建て保険」は有利性がなくなっています。

これに対して、外貨建て保険は**予定利率が高水準で、返戻率も高い**ので、円建ての貯蓄性保険に対して有利性があるうえ、貯蓄型の円建て保険と比較すると保険料も安い傾向にあることから、「投資は怖いけど、リスクを抑えながら資産を有効活用したい」という層を中心に、人気が集まってきているのです。

元本割れの危険性と手数料

外貨建て保険は、外貨預金と

同様に**為替差益を期待できる**ことがメリットの一つですが、逆に為替差損を被ってしまい、それが運用益を上回ってしまうケースもあります。国内で販売されている外貨建て保険の多くは解約返戻金と死亡保険金が保証されているものの、あくまで外貨建てベースにおける話ですので、その外貨に対して加入時よりも円高が進んだ時点で保険金や解約返戻金を受け取る（日本円に戻す）と、**状況次第では元本割れに陥ってしまう恐れがある**のです。適用される為替レートは、常にリアルタイムの相場が反映されるわけではない点にも注意が必要です。

また、外貨建て保険は日本円を外貨に換えて運用したうえで外貨を日本円に戻して保険金や解約返戻金を支払うため、**それぞれのプロセスで為替手数料を負担する**ことになります。さらに、短期間で解約すると「解約控除」と呼ばれる手数料を徴収されるケースもあります。

主要な外貨建て保険の運用状況を見てみると、概ねリターンは3％前後で設定されています。ただ、コストなどを差し引いた後で実際に受け取れる利回りは、保険期間や保険料の支払い方、保険金の受け取り方によって変わり、おおむね1～2％弱になります。あまり高いとはいえませんが、それでも預貯金の利回りに比べた場合、また、外貨に分散投資するという意味では、十分検討に値するのではないでしょうか。

外貨建て保険は銀行の窓口で販売されることが多いため、特にシニア層が商品性をよく理解しないまま預金と同じような感覚で契約し、想定外の損失が出るケースも起きているようです。また、一般の金融商品と違い、契約者（被保険者）の年齢条件で保険料が変動しますので、注意が必要です。

FXで大きなリターンを狙う

FX取引の基本的な仕組み

FX（外国為替証拠金取引）は、外貨取引で、より大きなリターンを狙いたい人に人気の取引です。

まずはFXの仕組みと、ビギナーの人には耳慣れない専門用語の意味を押さえておきましょう。

FXの特徴の1つは、**証拠金取引**であるという点です。証拠金とは、分かりやすいうと「担保」のようなもの。ここでは、**FX口座に預けたお金を担保にして、外貨取引を行います。**

例えば、米ドル／円の取引を行う場合、まずは米ドルを買うか売るかを決めます。この選択をすることを「買い（または売り）ポジションを建てる」といいます。

仕組み

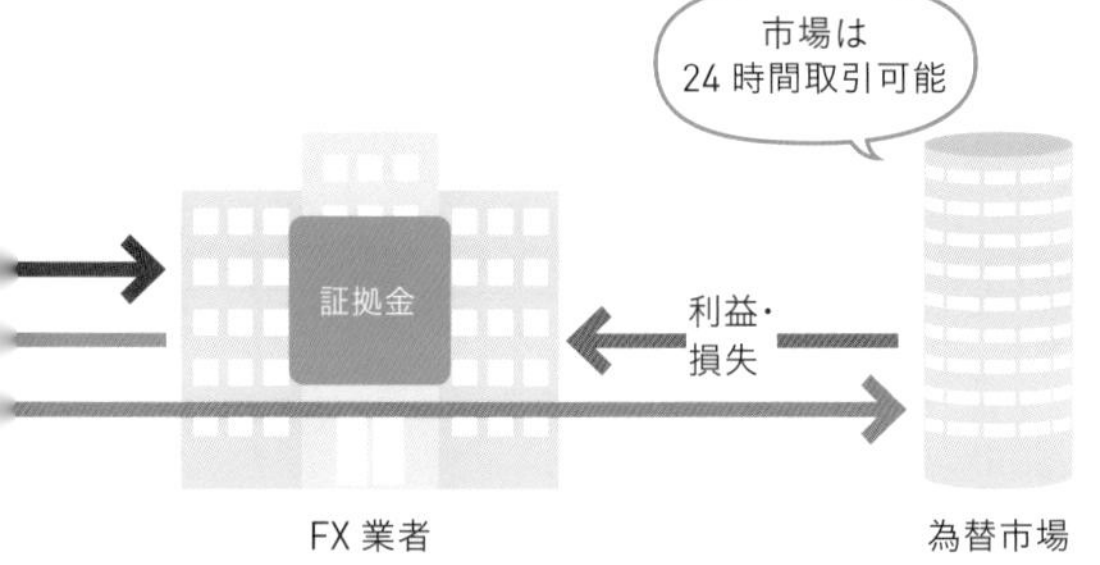

取引が成立したら、タイミングを見計らってポジションを精算します。このとき、利益が出た場合は証拠金にプラスされ、損失が出た場合は証拠金から引かれます。

つまり、ここでの利益・損失は、証拠金にのみ反映されるわけです。この仕組みのことを、**差金決済**といいます。

取引によって変動するのは証拠金の額だけですので、買いポジションを建てたとしても、実際に外貨を保有するわけではなく、買った外貨を使うこともできません。

ここが、外貨預金との大きな違いなのです。

少額の資金で大きな額の取引が可能

FXでもう1つ特徴的なのは**レバレッジ取引**ができることです。

レバレッジとは、「てこ」を意味する単語です。FXのような証拠金取引では、**少額の証拠金で大きな額の取引を行う**ことを指すのです。

FXで重要なのは、あくまで為替変動によって証

証拠金取引の

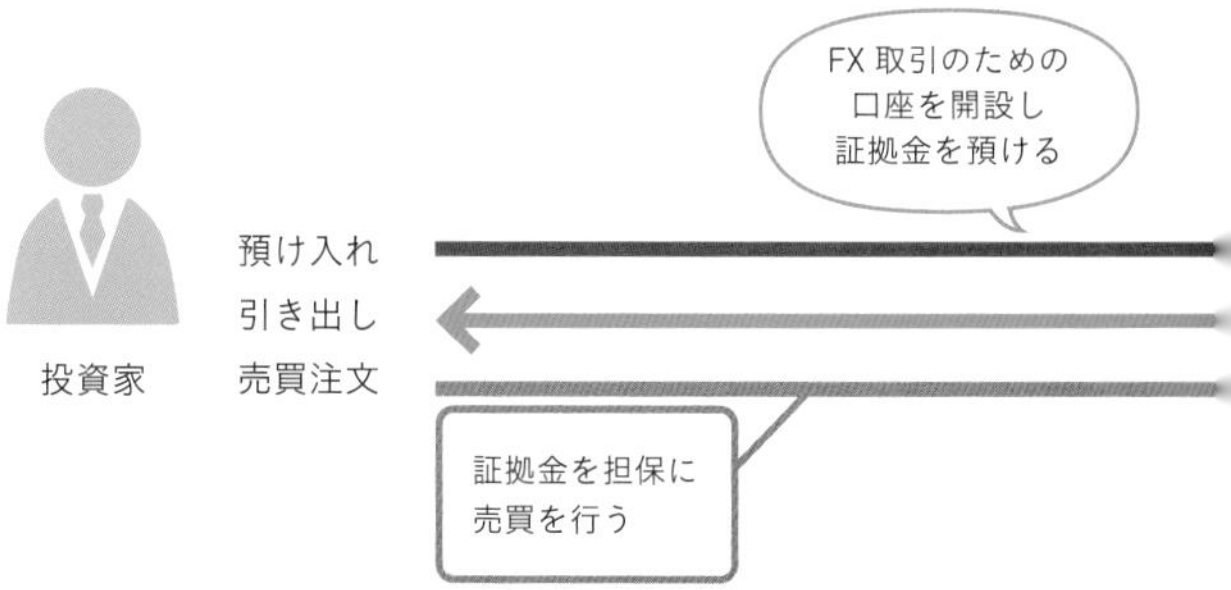

拠金がどう増減するかということです。すなわち、実際に外貨を売買するための資金を用意する必要がないのです。

例えば、米ドル/円が110円のときに100万円分のドルを買った場合、米ドル/円のレートが100円になると約10万円の損失が出ます。この損失を証拠金で決済できればよいわけですから、10万円の証拠金で100万円分の外貨取引ができるのです。

現状の国内のFX取引では、**最大25倍のレバレッジ**をかけることができます。

つまり、4万円の証拠金で100万円分の取引ができます。

この点は少額で投資したい人にとって大きなメリットといえるでしょう。レバレッジをかけることにより、手持ちの資金の効率を高めることができるのです。

デメリットにも注意しておく

ただし、レバレッジが大きくなるほど、値動きの影響も大きくなります。例えば、米ドル/円が100円の時に10万円分の外貨預金をした場合、米ドルが1円下がったときの損失は1000円です。

しかし、レバレッジ10倍なら1万円の損失に。さらに、25倍なら2万5000円の損失になります。

そのため、**為替変動のリスクと資金管理に細心の注意が必**要となります。

株価と比べると為替レートの急変は緩やかではありますが、相場の変動に備えて、レバレッジを低くしたり、投資額を少なくしたり、ポジションを建てる期間を短めにして、細かく利益確定・損切りするのがよいといえるでしょう。

差金決済と証拠金の関係

FXの買いポジションは、外貨預金と同様に円安に動くことで利益が発生する。利益・損失は証拠金に反映される。

例：
米ドル／円の取引
1ドル＝100円で
買いポジションを
建てた場合

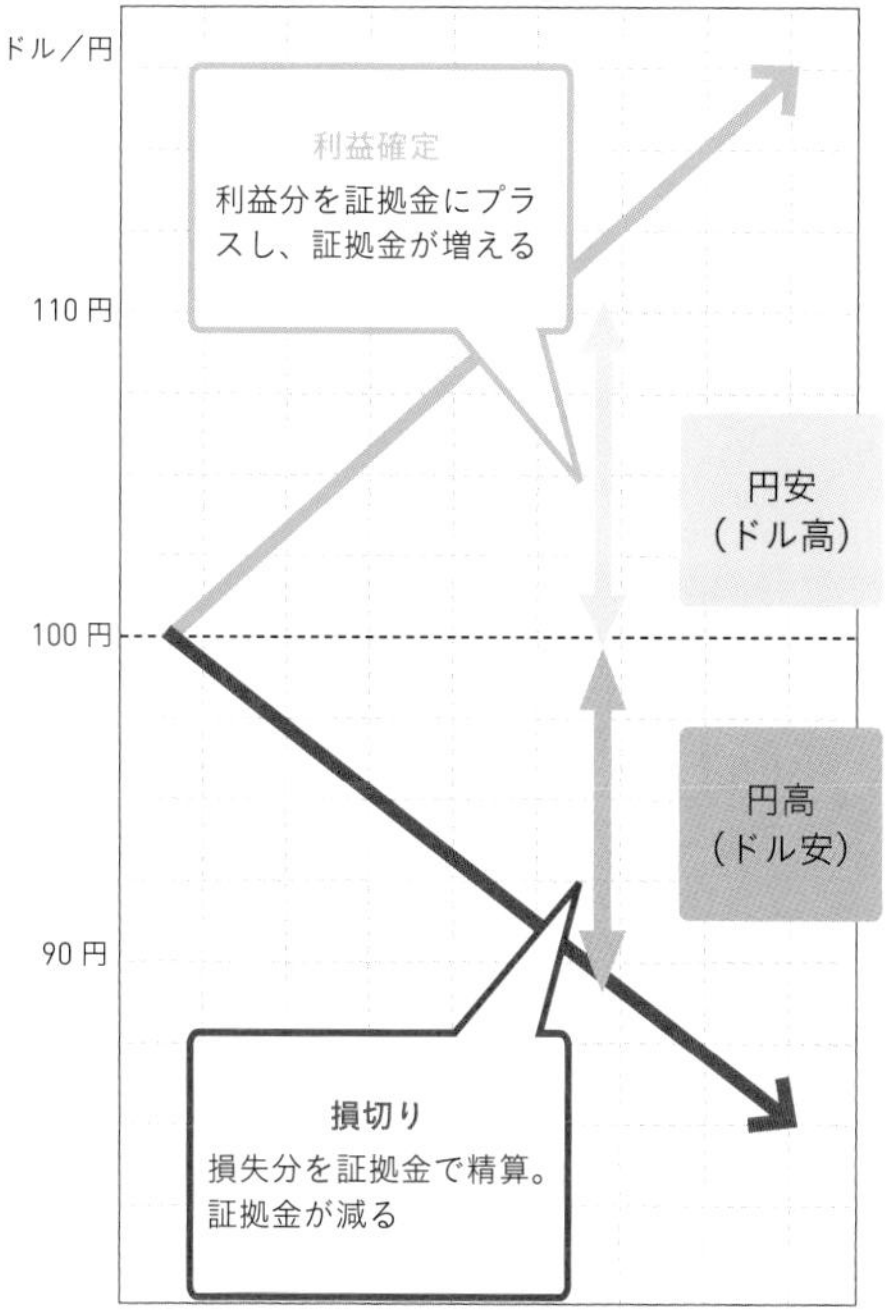

商品先物で選択肢を広げる

先物取引は扱う商品が豊富

　FXが証拠金を使う差金決済であると説明しました。この仕組みは他の投資にも使われています。その一つが、**商品先物取引**です。

　商品先物取引とは、ある定められた期日に、特定の商品をある取り決めによって定められた価格で売買することを約束する取引のことです。

　これから投資を始める人にとって、商品先物への投資はややハードルが高いと感じるかもしれません。

　しかし、投資の幅を広げれば、それだけ利益獲得のチャンスも広がります。将来的に投資するかもしれない可能性を踏まえて、ここではその概要を押さえ

特徴

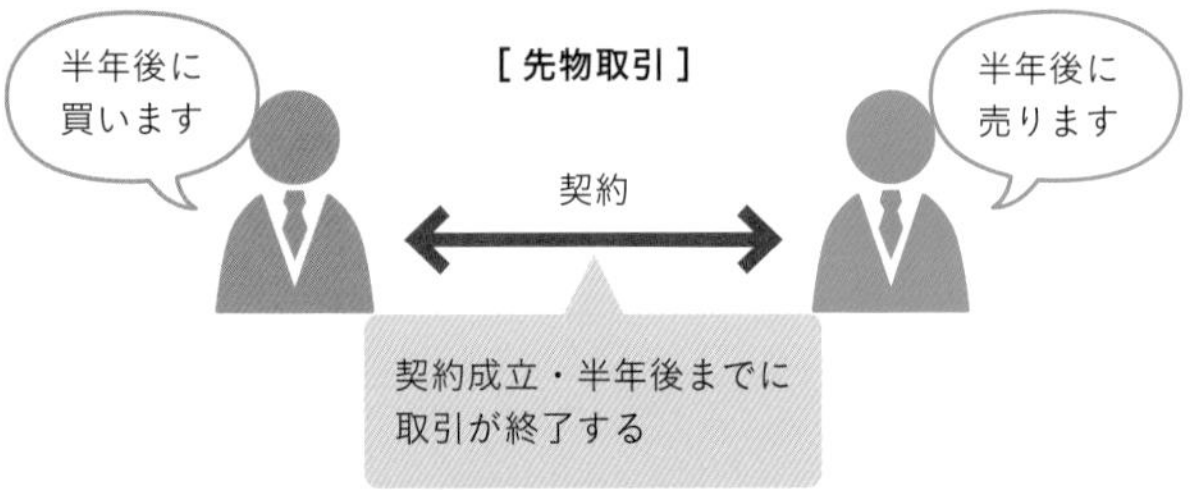

[先物取引]
半年後に
買います
半年後に
売ります
契約
契約成立・半年後までに
取引が終了する

ておきましょう。

商品先物取引は、投資先となる商品が多様である点が特徴です。金やプラチナなど貴金属をはじめ、非鉄、原油などのエネルギーから、大豆やトウモロコシなどの農産物まで、幅広く扱います。

取引の仕組みとしてはFXに似ている点が多いといえるでしょう。

例えば、先物取引で生じる利益と損失は、FXと同じように、証拠金に反映されます。証拠金を使う差金決済ですので、**レバレッジをかけることができ、少額で大きな金額の取引ができます。**

また、FX取引を行う為替市場のように、商品市場も長時間開いています。これは、日中働いている人にとってメリットといえるはず。

株取引が行われる時間（9時から15時）に相場を確認するのは、なかなか難しいと感じる人も多いでしょう。ですが、商品先物の取引であれば夜間や早朝の時間を使い、取引に参加することができるのです。

先物取引の

お金とモノの受け渡しが同時に行われる。将来行うお金とモノの取引を、今の価格で契約する。

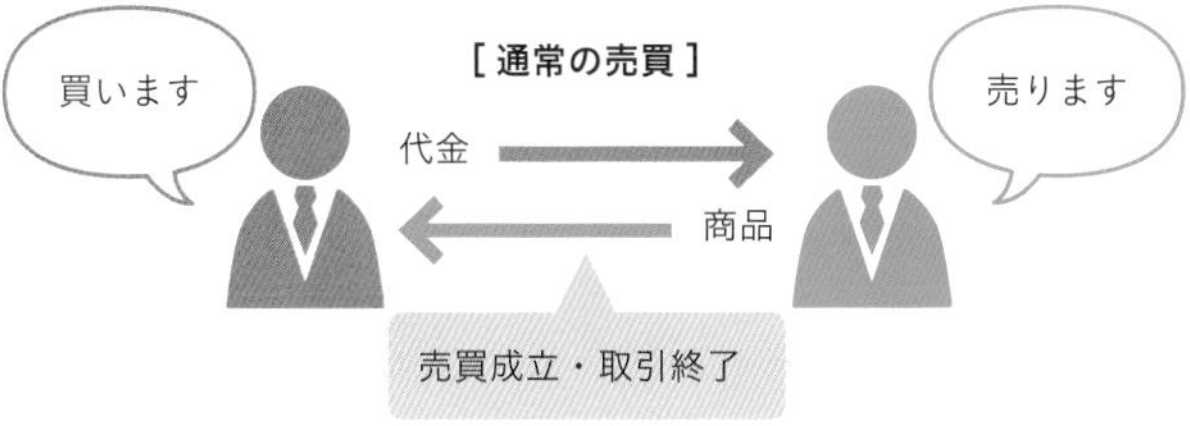

いまの価格で将来の売買を契約する

先物取引のポイントは、各種商品をいま取引するのではなく、**将来の決められた日に、いま決めた価格で売買する**という点です。先物取引は、その契約をすることをさします。

例えば、現在の金の価格が1グラム4000円だったとしましょう。仮にこれから半年間で値上がりしていくとすれば、いま4000円で買う契約をしておくと利益が得られます。そのような時に、先物取引で金を買います。つまり、半年後に4000円で買う契約をしておくわけです。

実際に値上がりした場合は、値上がり分が利益になります。半年後の金価格が4500円になっていたとしたら、1グラムにつき500円の利益が得られるわけです。

逆に、値下がりが予想できる場合にも利益が狙えます。

仮に半年後に3500円になった場合、あらかじめ4000円で売る契約をしておけば、差額の500円が利益になります。

このように、**買いと売りの両方向で取引ができる**ことから、商品先物取引は利益のチャンスが広くなるのです。

ちなみに、ここで例に挙げた「半年後」(売る日)のことを限月といい、その日までに反対売買をします。株は、上場廃止になるまでずっと持ち続けられますが、**売買の期限が決まっている**点が先物取引の特徴です。

用語解説

反対売買

買った商品を売ること、または、売った商品を買い戻すこと。先物取引は期日が決まっているため、それまでに反対売買を行い決済する。

先物取引の利益・損失

先物取引は、将来の価格変動を見据えつつ、いまの値段で売買契約を行う取引。先物を売買した時の価格と、限月までに決済した価格との差が利益・損失になる。

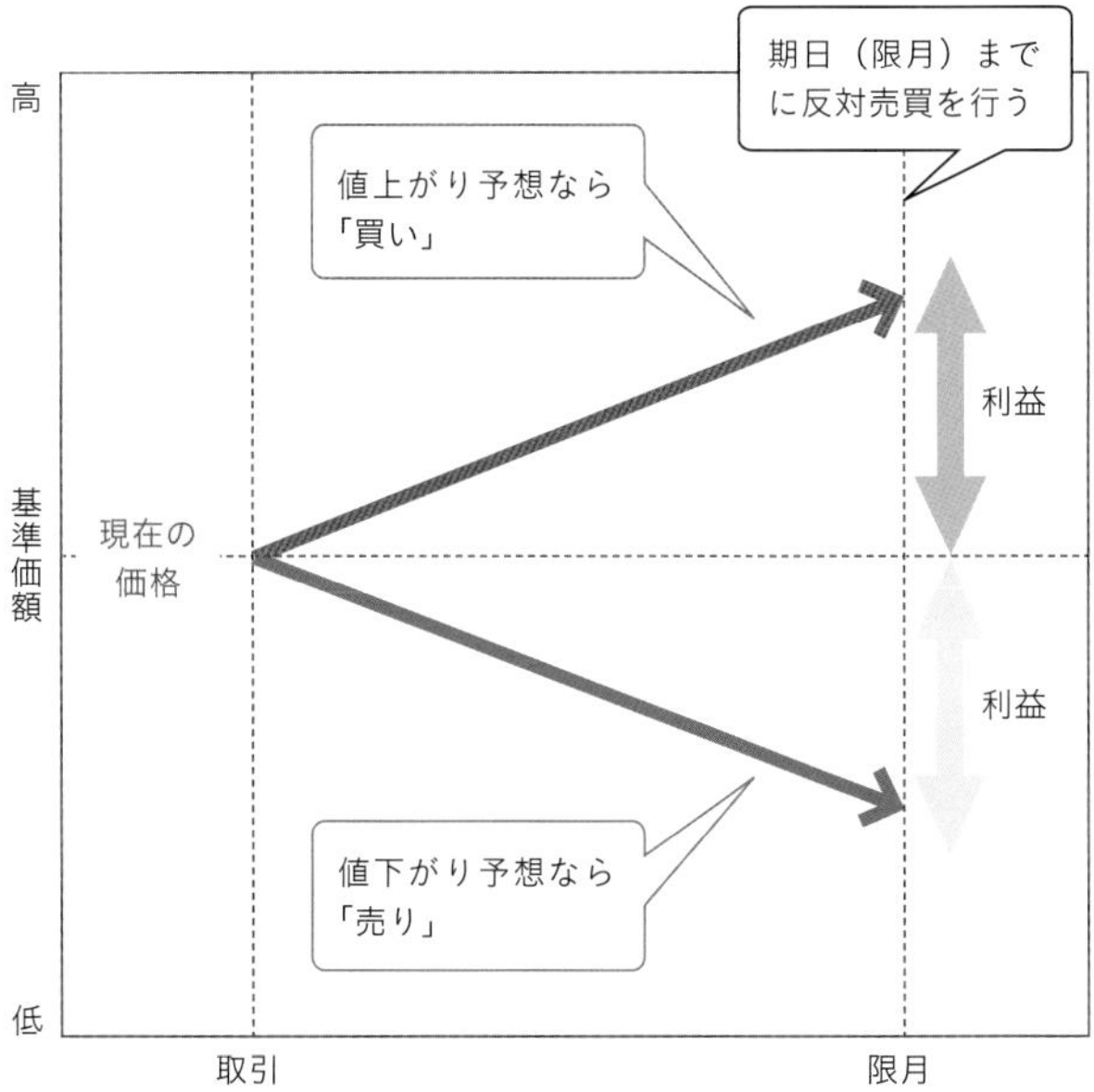

今こそ始めたい
有事の金投資

投資の仕組みが
シンプルでわかりやすい

「商品の取引は面白そう。ただ、先物はまだハードルが高い」という場合は、**金の現物投資**を検討してみましょう。

金投資（純金投資）は市場の流通価格で取引しますので、**売買のタイミングによって値上がり益を得ることができます。**ただ、株には配当金が受け取れる銘柄がありますが、金にはそのような利益がありません。つまりこれは、**キャピタルゲインのみを狙う**シンプルな投資なのです。

また、株、投資信託、外貨には複数の種類がありますが、金は世界中どこへ行っても金であり、1種類です。その点でもシンプルといえますし、情報分析などに手間がかかることもないでしょう。

さらに、株は上場廃止などによって価値がゼロになる可能性がありますが、**金の価値がゼロになることはほぼあり得ません。**価格が下がった場合は金貨やジュエリーにすることも可能。

また、こうした性質から、金は株などのリスク資産と違って、地政学リスクや金融不安のときには安全資産として買われる傾向があります。分散投資先のひとつとしても有効といえるでしょう。

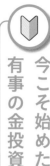

分散投資に活用

[投資先を分散]

投資先が多いほど分散投資効果は大きくなる。金もその選択肢の１つになる

[積立で時間を分散]

積立は購入価格の平均を抑える効果あり。
金は投資額が低いため積み立てやすい

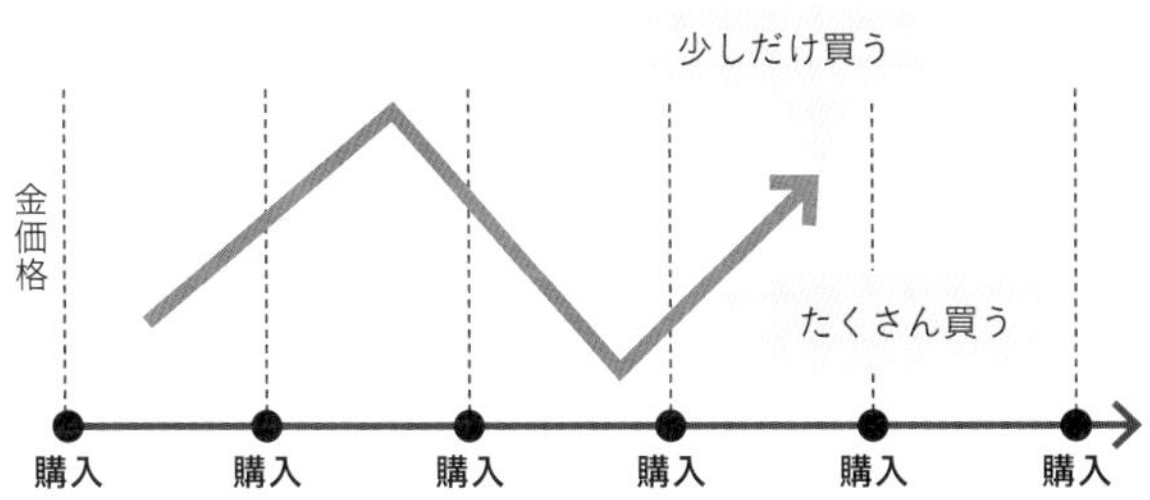

不安定なときこそ金でローリスク投資

現物資産である金は価値がゼロになるというリスクはほぼありません。しかしながら、短期間で大きなリターンを狙う投資には向いていません。

逆にいえば、金は戦争や不況などでも価値を保つことができるのが大きな特徴。人類を脅かす未曽有の感染症のパンデミックや資源エネルギーの不足、国際社会におけるパワーバランスの変化……。だからこそ、とくにこのように世界情勢が不安定なときなどには、金を投資対象とすることが資産を守ることになります。

なお、2020年5月には、東京商品取引所の金先物価格が、取引開始以来の高値をつけました。

世界景気の不透明感が続く昨今、国内の金価格は為替レートの影響が大きいため、今後もドル高傾向が続くなら、高値が続くと見込まれます。お手持ちの資産のうち、**金の保有割合を高くすることも、安心のための選択肢**となります。

手数料

Point 手数料を抑えつつ、金価格の値上がり益を狙う場合は、金価格と連動するETFも検討してみよう

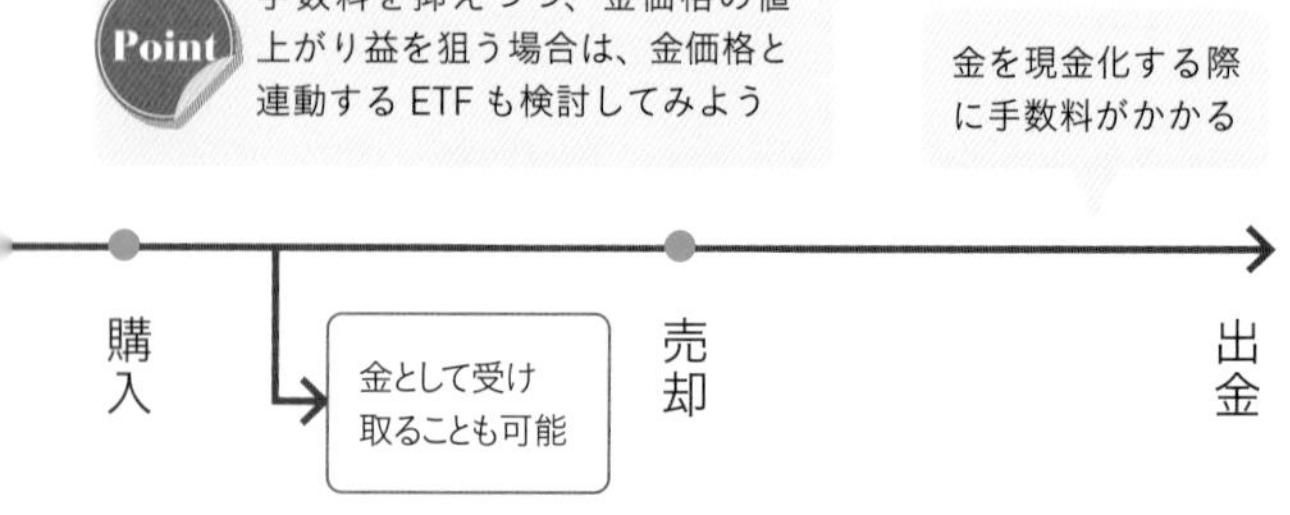
金を現金化する際に手数料がかかる
購入
金として受け取ることも可能
売却
出金

取扱業者によって手数料が異なる

もちろん、金も値下がりする可能性もありますので、リスク対策はここでも重要です。純金積立であれば、**月々の購入金額を決め、購入のタイミングを分散する**ことで、買い付け単価を抑えることができます。

ちなみに純金積立は月々1000円程度からはじめることができるため、資金的なハードルも低いといえるでしょう。

注意したいのは手数料です。純金の売買では、金の購入時と、保有する金を現金に戻して引き出す時に手数料がかかるなど思わぬ出費も。業者によって差があります。業者によっては口座の管理料として年会費などがかかる場合もあります。

また、外貨預金と同じように、金にも買う値段と売る値段の差があります。

中長期投資になるほど当然ながら手数料の総額が大きくなりますので、各種手数料を比較してみましょう。

純金積立の

金投資は、株などと比べると手数料負担が大きいため、積み立てする業者比較が重要。年会費無料の金融機関もある。

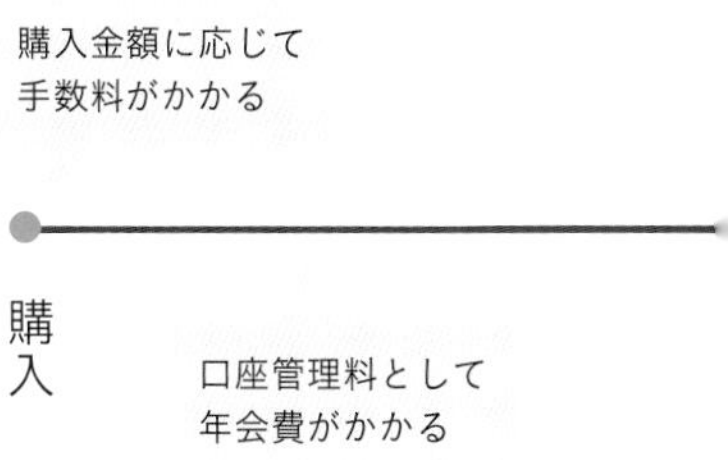

不動産投資のメリット

不動産投資にはどんなメリットがある?

　マンションなどの実物不動産投資には、いくつかのハードルがあります。例としては、「まとまった資金が必要」「物件選びの専門知識が求められる」「購入後のメンテナンスに手間やコストがかかる」「借り手や買い手探しに苦労する」といったことなどがあげられるでしょう。

　では、仮にこれらのハードルを乗り越えた場合、どんなメリットがあるのでしょうか。

　まずは賃貸に出すことにより、**中長期的に安定した収入(インカムゲイン)が得られます。**

　これは、老後の生活が安定しやすくなるという点で、大きなメリットとなります。

　人は、年を取れば取るほど、年齢や体力の問題などで働けなくなり、家計の収支が悪化する可能性があります。

　そのような時に賃貸収入があると、家計に余裕ができます。その点で、不動産投資(物件の購入)は、iDeCoと同じような年金づくりになるといえます。

　また、家族がいる場合は、物件が生命保険の代わりにもなります。

　一定の収入があることで遺された家族の生活が安定しやすくなり、物件を売ってまとまった資金を作ることもできます。

老後の家計の問題

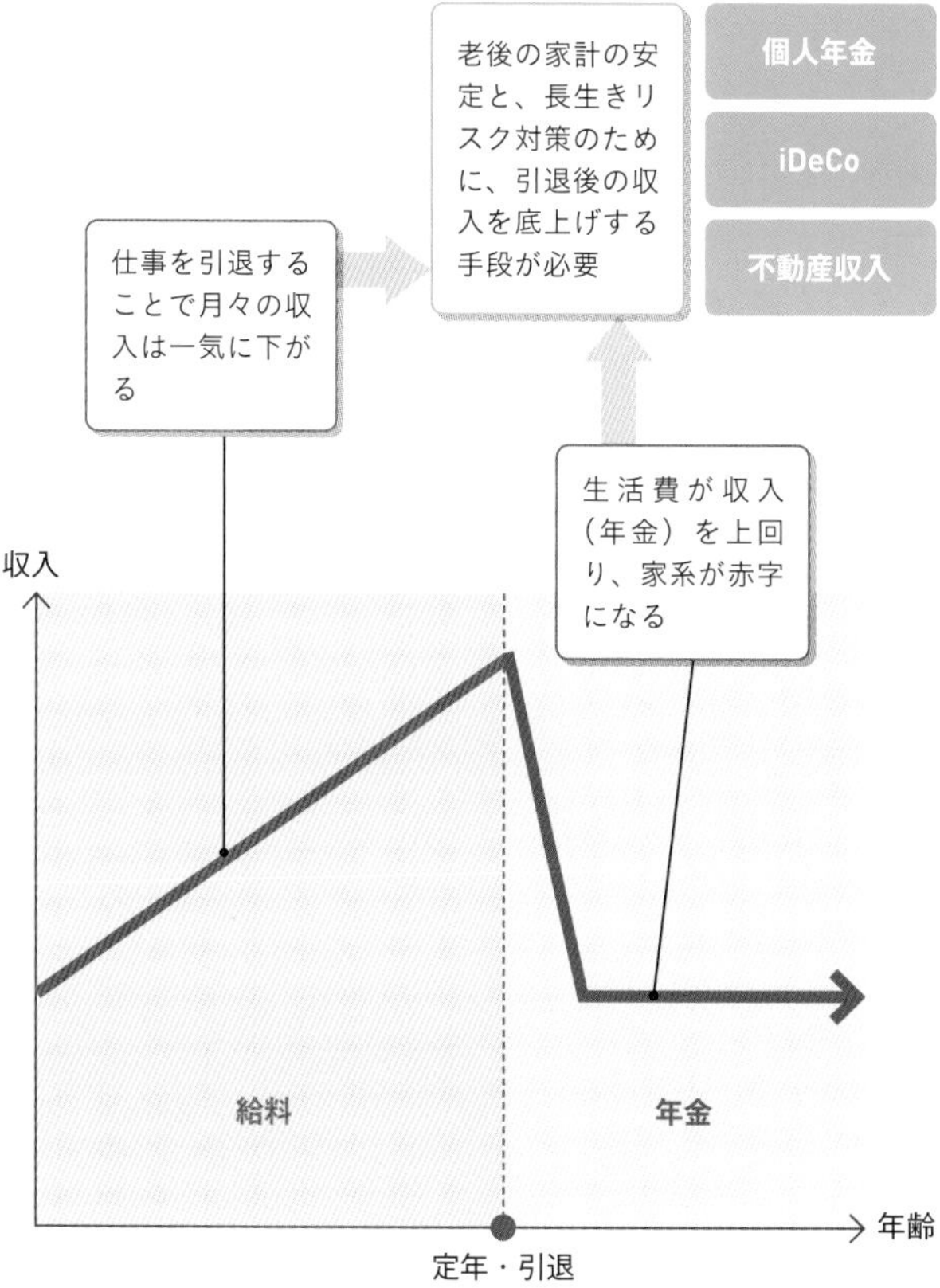
老後の家計の安定と、長生きリスク対策のために、引退後の収入を底上げする手段が必要
個人年金
iDeCo
不動産収入
仕事を引退することで月々の収入は一気に下がる
生活費が収入（年金）を上回り、家系が赤字になる
収入
給料
年金
年齢
定年・引退

インフレ時にメリットが大きくなる

不動産投資における2つ目のメリットは、**インフレ対策になる**ことです。

長期の景気動向を読むことは誰にもできません。しかし、過去20年がデフレだったことを踏まえれば、これから20年くらいインフレに動く可能性も否定できないといえるでしょう。

P20でも確認したように、インフレが進めば物件価格も上昇しやすくなります。結果、賃貸収入が増えたり、売却益が得られる可能性も大きくなります。

3つ目は、**すぐにリターンが得られる**ことです。

株などの投資でまとまった資金を作るためには、それなりの時間がかかってしまいます。安全性を重視するほどすぐには決断できないもの。また、大きなリターンを狙えばかえって資産を大きく減らしてしまう可能性も。

その点、不動産はローンを組んで購入するケースがほとんどですので、数百万円から数千万円の資産がすぐに手に入ります。

イメージ

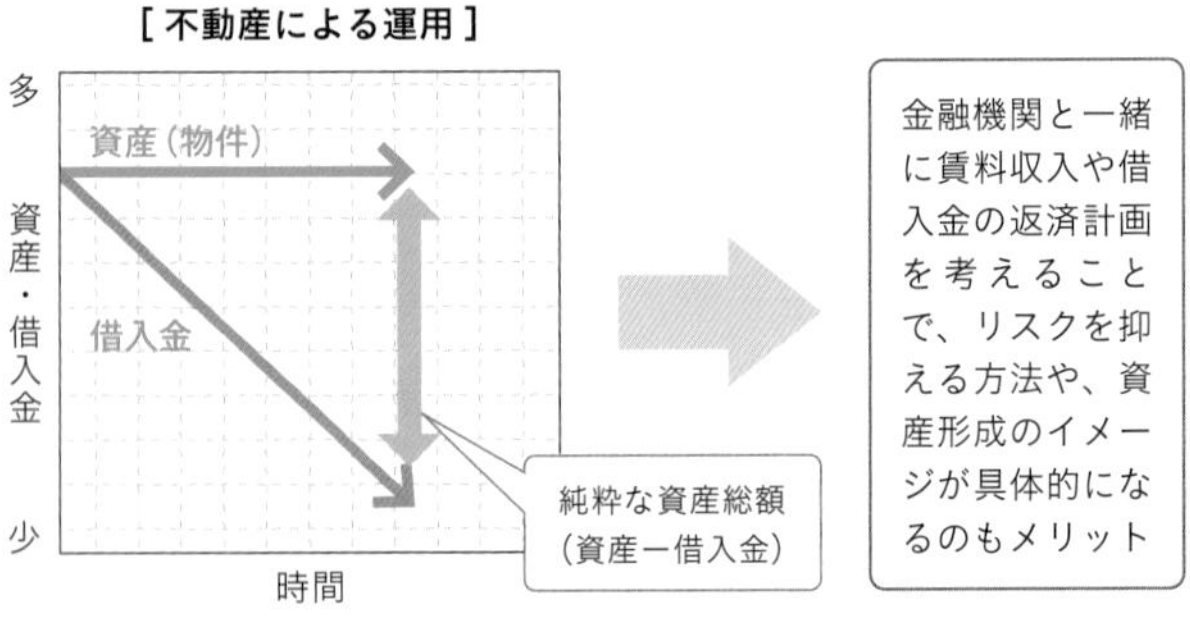

中長期の投資と相性抜群

物件の良し悪しにもよりますが、長期間の空き家にならなければ、収支がマイナスになるリスクも小さい傾向があります。

すなわち、不動産資産に成功すれば、将来的には、ローリスクで着実に資産を作ることができる可能性があるでしょう。ローンを組むことによって資金・収支計画も明確になるかもしれません。完済まで支払い続けるということへの不安や懸念はあっても、逆に考えれば、中長期の資産形成計画も立てやすくなるはずです。

このような特性を持つことから、**不動産は老後を見据えた中長期投資に向いた方法**といえます。

株や投資信託などの投資である程度の資金ができたら、不動産投資にも目を向けてみるとよいかもしれません。堅実な資産運用の土台を作ることにもつながるので、株やFXなどリスクをはらむ投資でも、幅を生む余地ができると考えられるでしょう。

資産形成の

株や投資信託の運用は、時間をかけながら資産を増やしていく。不動産投資は最初に資産を手に入れ、収入源ができる。

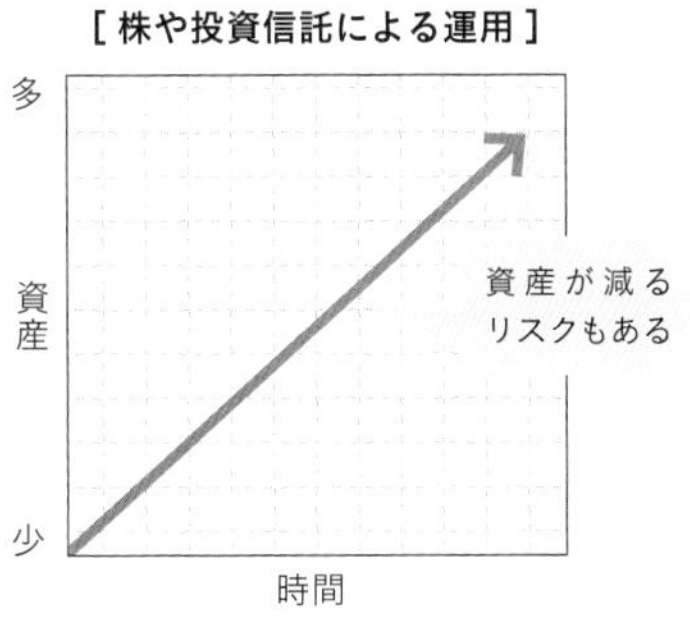

積立投資で資産を守る

Chapter 3

積立で投資資金を増やす

積立投資は「時間の分散投資」

投資先を分散することでリスクを管理する方法を紹介しましたが、株式や債券、金といった投資先の商品を分散するだけではなく**「時間の分散」も大切**です。

例えば、投資信託へ投資する場合、どんなに過去の成績がいいファンドでも必ず基準価額の上下はつきものなのが事実です。株式相場全体が下落している状況の場合は、いい成績を残すことはなかなか難しいものです。

安い時に買って、高くなってから売却するのが投資の基本ですが、いつ下がって、いつ上がるのか確実にわかる人はいません。

分散投資の考え方を応用する

そこで、投資するときには一度にまとめて買わずに、ある程度の時間をあけて購入する「時間の分散投資」がおすすめ。

例えば、バランス型の投資信託を毎月一定の金額で決まった日に購入し続ける「積立投資」では、買うタイミングや金額を意識しなくても、ほったらかしで投資先と時間を分散できることになります。

さらに積立投資では、毎月コツコツと投資していくので、資産が確実に増え、投資元本が増えれば、利益も大きくなっていきます。

投資資金をコツコツ増やす

月々投資できる金額に限りがあっても中長期で積み立てればまとまった資産に。投資効果も大きくなる。

［投資の利益の計算式］

投資資金 × 利回り × 投資期間

時間をかければ積立方式で投資資金が増やせる

［積立5年で年3%の利益が出た場合］

月々の積立額	投資資金	利益／年
10,000円	600,000円	18,000円
30,000円	1,800,000円	54,000円

利益を増やすには月々の積立額を増やすのが効果大

「ドルコスト平均法」で購入価格を平準化する

価格変動のある商品を常に一定の金額で定期的に購入していく方法を**「ドルコスト平均法」**といいます。

価格が安いときには買う量（口数）が増えますが、高いときには買う量（口数）が少なくなります。このように、**安い時にたくさん買って、高い時には少ししか買わないことで、購入単価が平準化されます。**

投資信託の積立投資で考えると、値下がりした場合には、保有している投資信託の価値は下がります。しかし、同時に多く買い増すことも可能なのです。また、値上がりした場合は、買い増す量は減りますが、投資信託の価値は上がっているため、資産額は増えているわけです。

長期的な視野から判断する

このように購入単価が平準化されると、投資リスクが軽減されることになります。

積立投資で定期的に購入していけば、状況が急変して金融市場全体が下がっても、また、上昇に時間がかかったとしても、そのときどきに合った投資をすることができます。

必ずしも将来的な収益確保を保証したり、相場が下落してしまったときにおける損失を防止したりする性質のものではないことに留意はしておいたほうがいいでしょう。しかし、長期的な資産形成を行っていくうえでは有効といえるのです。

ドルコスト平均法で購入する

投資信託の価格（基準価額）は常に変動する。安い時を狙って買うのが理想だが、値動きを読むのは難しい。積立であれば、高い時に買う量を減らし、安い時に増やすという調整が自動化できる。

［月々購入する金額を決める］

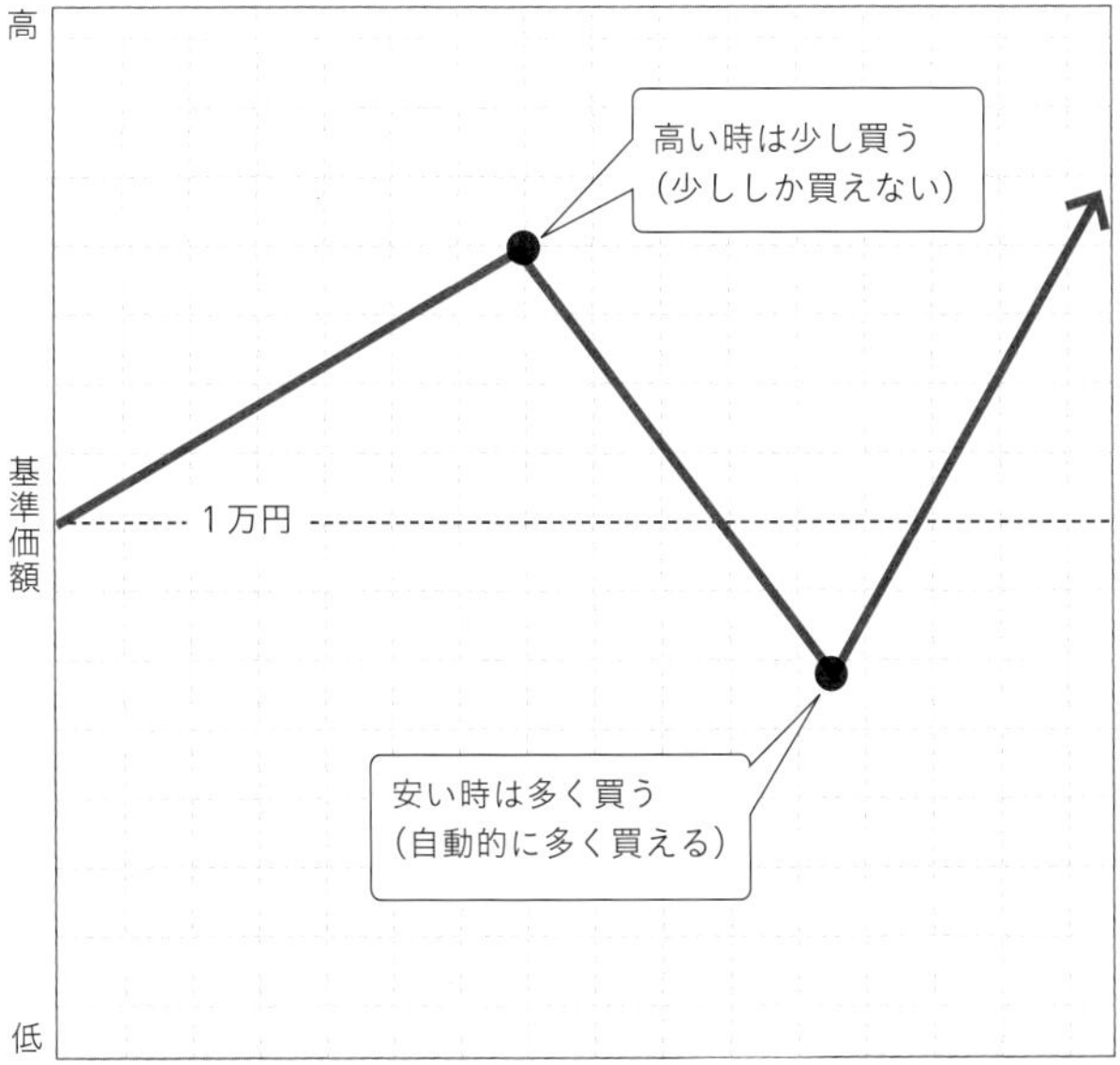
高
基準価額
低
1万円
高い時は少し買う
（少ししか買えない）
安い時は多く買う
（自動的に多く買える）

つみたてNISAを活用する

つみたてNISAは積立投資の強い味方

2018年にスタートした「つみたてNISA」。これは、運用益にかかる税金が非課税となる「少額投資非課税制度」と積立投資の「時間を分散する」というメリット（詳細は72ページ）を併せ持った、資産形成にピッタリな制度です。

通常の口座では、値上がりした金融商品を売却したときに、その利益に対して20・315%と、かなり大きな税金がかかります。

その**税金が非課税になる**のが、つみたてNISAです。

また、つみたてNISAは非課税期間が20年と長いのも特徴です。、投資上限金額は、年間で40万円となります。

NISAの仕組み

初心者でも長期投資に挑戦しやすい

つみたてNISAは、2037年までなら、いつ始めても非課税で20年間積み立てることができます。ただし、積立を開始する年は2037年までとなります。

長期投資によって資産を形成することを目的としていますので、初心者が投資しやすいように、投資の対象となる金融商品は既存の投資信託とETF（上場投資信託）から金融庁が定める一定の条件を満たしたもののみとなっており、あまり金融商品に詳しくない人でも安心して投資先を選ぶことができます。例えば、中長期の積立投資では、分配金を受け取るより再投資したほうが投資効率が良くなるため、毎月分配型の投資信託は対象になっていません。

なお、定期かつ継続的な方法による積立投資のみが認められ、購入の頻度は「毎日」「毎週」「毎月」「年2回のボーナスのみ」などとなります。よく確認しておきましょう。

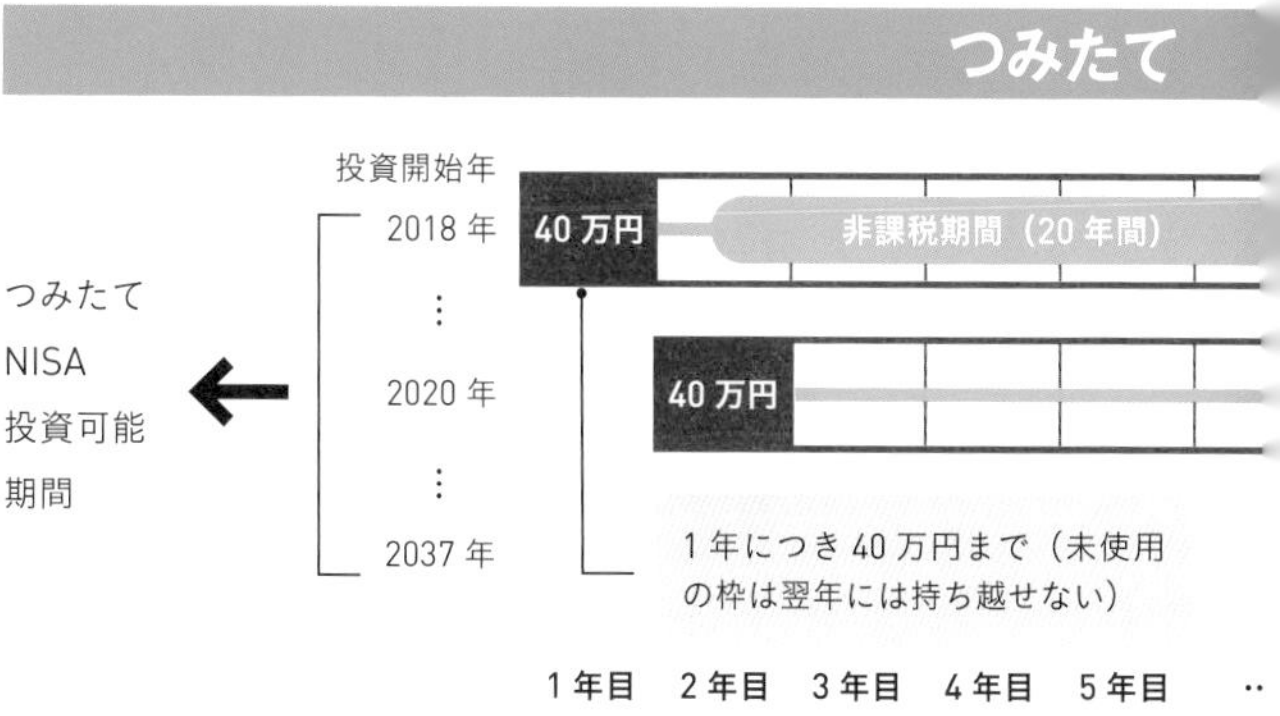

iDeCoで老後資金をつくる

iDeCoの活用は いまや当たり前に

今や老後資金の自助努力として、「iDeCo」は当たり前のものとして認識されてきています。

iDeCoの最大の特徴は節税メリットで、**自分で決めた掛金の全額が所得から控除されます。**

所得控除の手続きは、国民年金基金から「小規模企業共済等掛金払込証明書」が発行されるので、国民年金の第1号・第3号被保険者の場合は確定申告を行うことになります。国民年金の第2号被保険者で給与からの天引きであれば、手続きは不要です。口座振替なら、年末調整で申告します。

iDeCoの運用では、定期預金、保険商品、投資信託から自分で許容できるリスクのレベルや目標とする利回りなどを決め、商品を選んで掛金を運用します。

通常は運用益に源泉分離課税20・315%が課税されますが、**iDeCoの運用益はNISAと同様で課税されず、運用益は再投資の資金に加算されます。**

最大のメリットは節税 受け取り時も有利

iDeCoは、**老後資産の構築を目的にしている制度**なので、受け取り方法は年金、または一時金を選択できます。金融機関によっては年金と一時金を組み合わせて受け取ることができ、年金として受け取るのであれば「公的年金等控除」が適用されて税額が抑えられるようになっています。

一時金で受け取る場合は退職所得控除の対象となり、20年間積み立てると800万円までが非課税になることになります。

iDeCoは**原則として60歳になるまで積み立てた資産を引き出すことができません。**60歳から受け取るためには10年以上の通算加入者等期間が必要となり、期間に応じた受給開始年齢が定められています。

ただし、通算加入者等期間は、加入者期間と運用指図者期間を合算した期間なので、毎月一定の掛金を拠出している期間だけでなく、掛金の拠出を止め、運用だけを行っている期間があったとしても、支給要件に合算されます。

口座開設時には手数料をチェック

なお、iDeCoの口座では証券口座や銀行口座と異なり、**手数料がかかります。**

加入時に国民年金基金連合会と金融機関に支払う初期手数料と、運用期間中に毎月金融機関、国民年金基金連合会、事務委託先金融機関に支払う手数料が必要となります。

国民年金が未納などの理由でiDeCoの掛金を還付する時にも手数料が必要です。

手数料の額は金融機関ごとに違いますので、できるだけ安い金融機関を選ぶことが重要となるでしょう。

金融機関によっては、運営管理機関手数料がかかったり、運用中に口座管理手数料がかかったりするところもありますので、金融機関を選ぶ際には事前に各手数料の金額を調べておくことをおすすめします。

今できること
からはじめる

Chapter 4

資産と家計を効率よく管理する

家計簿アプリを利用する

より効率的にお金を管理するには、資産管理ができる家計簿アプリを使うと便利です。家計簿アプリは世の中にあまたあり、連携している金融機関数やFX対応など含め機能もさまざま。ですが、どのアプリでも基本的には資産を自動的に管理することができます。

例えば、**人気の家計簿アプリ「マネーフォワードME」**には、普段利用している銀行やクレジットカード、証券会社などの口座を自動的にまとめてくれる機能があります。自分の資産の現状が画面で可視化されるため、**家計や資産を一元管理できる**のがメリットです。

また、買い物をした際のレシートを撮影するだけで、レシートにある情報が自動で家計簿に反映される機能も。店舗名や商品名、価格などが自動で表示されるので、何にいくら費やしたかがすぐにわかり、資産管理の効率化を図れるようになります。

ほかにも、証券口座連携や通販対応、投資信託管理ができるものなど、アプリによって機能は多岐にわたるので、あらかじめ用途に合わせてアプリを選ぶようにしましょう。グラフなどが見やすいか、またお金の流れが把握しやすいかどうかなどは選ぶ際の大きな決め手です。

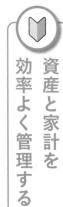

家計簿アプリの便利な機能

① 家計簿を自動で作成しグラフ化

銀行の入出金やクレジットカードの履歴をもとに、食費や光熱費などのカテゴリに自動で分類し家計簿を作成してくれる。手間をかけずに見やすいグラフで自分の毎月の支出が分かる。

② スマートフォンで管理

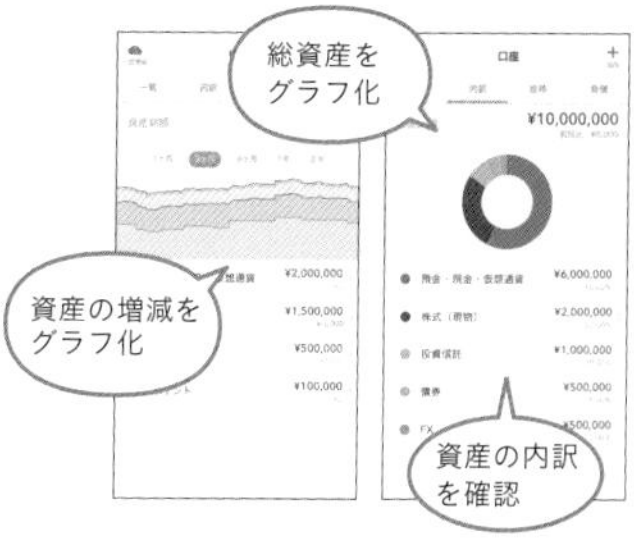

自分が保有する資産の内訳や保有割合などをグラフで簡単に確認ができる。

③ 資産管理を簡略化

いつでもどこでもスマートフォンで自分の資産状況が確認できる。レシートをスマートフォンのカメラで撮影すれば、支出をすぐに家計簿に取り込むことが可能。

生命保険を見直す

家族構成によって必要な保障額は異なる

日本は生命保険大国であり、およそ90％の世帯が何らかの保険に加入しています。

死亡や高度障害への備えを目的とする保険が大半ですが、必要以上に高い保険に加入している場合、生活費を圧迫してしまっていることも。**不要な保険を見直す**ことによって、余ったお金を貯蓄に回すことが可能となります。

厚生年金や共済年金、国民年金などの公的年金に加入していると、万一の際には遺族年金が支給されます。このような**公的保障制度を念頭におき**、まずは現在加入している保険の保障内容が自分に適しているのかどうかを見てみましょう。

そもそも生命保険とは、「被保険者（保険の対象になる人）に万一のことがあった時に残された家族の生活を保障するために加入するもの」です。

その「万一のことがあった時」に必要になるのが**必要保障額**です。つまり、被保険者に万一のことがあった時、その遺族が生活するために必要な金額のことで、遺族の収入と差額のことを表します。

例えば、共働きの夫婦か専業主婦か、子どもがいる場合、子どもがいない場合など、家族形態によって必要となる生活費は異なりますので、それぞれ必要保障額を算出することが必要です。

生命保険を見直すタイミング

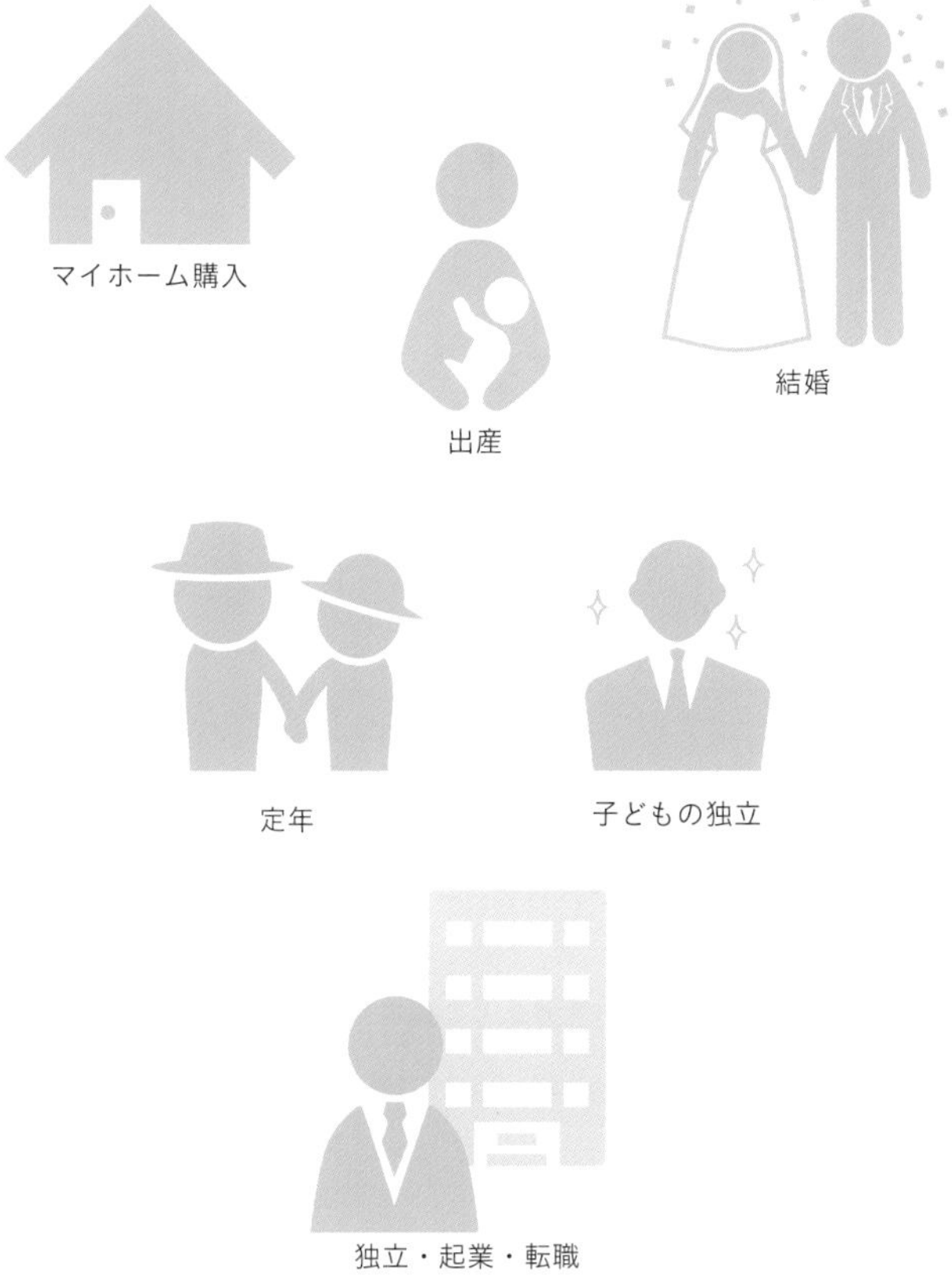

保障額を調整できないかよく調べてみる

子どもが成人しているか、就学中かによっても変わります。子どもの成長は、**保険の必要保障額を見直すチャンス**といえます。

子どもが独立した後、加入している保険を**払済保険**に変更すれば、それ以降の支払いを停止することもできます。払済保険とは、契約中の保険を解約せずに支払いをストップし、そのうえで、保障額を下げた保険に変更するシステムです。

マイホームを購入するときに加入することが多い**団体信用生命保険**は、住宅ローンの契約者が返済中に亡くなったり、高度障害状態になったりしてしまったときに、残りの住宅ローンが全額弁済されるものです。

最近の団体信用生命保険には医療保障や特定疾病保障、就業不能保障などが付いているものも。住宅ローンを利用している人は、別途加入している生命保険の見直しができることもあります。

仕組み

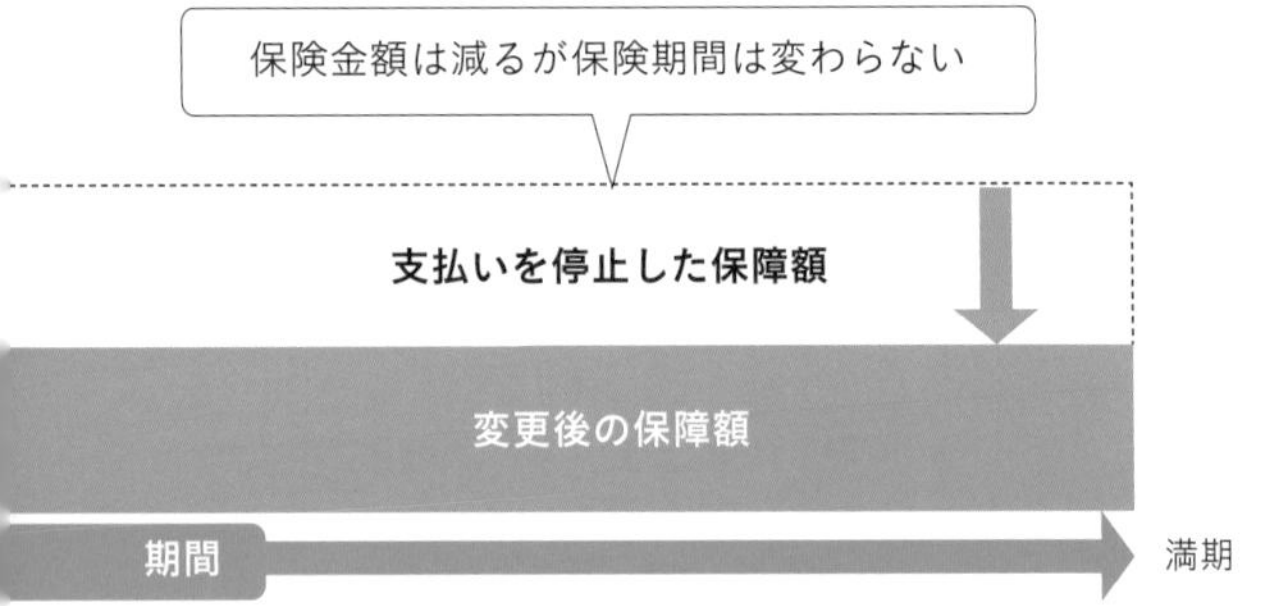

不要な特約の見直しも必須

　生命保険には、主契約の死亡保障以外にさまざまな特約を付けることができます。例えば、医療特約、障害特約、介護特約、定期特約の他、途中でお祝い金が受け取れるものも。ただし、当然のことですが、特約が多くついていればいるほど、支払う保険料は高くなります。それらの特約は本当に必要でしょうか？　判断するポイントをお伝えします。

　まずは、生命保険とは別に単体で医療保険や障害保険に入っている場合、生命保険に医療特約、障害特約を付ける必要はありません。また、定期特約については、まだお金のかかる成人未満の子どもがいる家庭でもしもの時のために付けていることが一般的ですが、子どもがすでに独立している場合は不要な特約といえます。

　生命保険には、主契約の死亡保障以外にさまざまな特約を付けることができます。例えば、医療特約、障害特約、介護特約、定期特約の他、途中でお祝

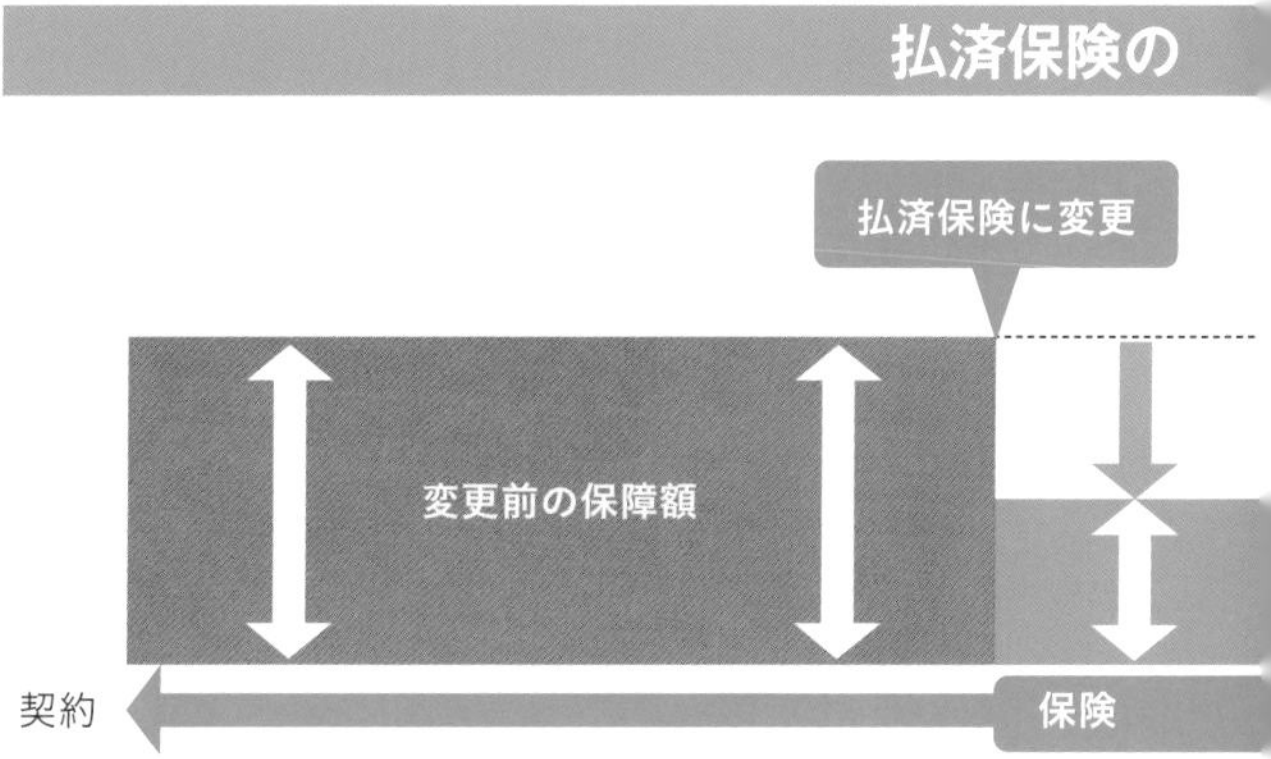

い金が受け取れるものも。ただし、当然のことですが、特約が多くついていればいるほど、支払う保険料は高くなります。それらの特約は本当に必要でしょうか？

補償の重複や無駄をなくしていく

　まずは、生命保険とは別に単体で医療保険や障害保険に入っている場合、生命保険に医療特約、障害特約を付ける必要はありません。また、定期特約については、まだお金のかかる成人未満の子どもがいる家庭でもしもの時のために付けていることが一般的ですが、子どもがすでに独立している場合は不要な特約といえます。

　保険はいざという時には十分な補償が受けられることが目的ですが、補償の重複や必要以上の保障額などの無駄を知ることで、家計の見直しにもなります。保険はわかりづらいからこそ、すすめられるがままにあれこれ特約をつけるのではなく、適宜ライフステージの状況によって見直すことが必要です。

の考え方

－

収入見込額
（生命保険以外の保障）

●遺族年金　●団体信用生命保険　●預貯金
●企業保障　●配偶者の収入　など

用語解説

遺族年金

被保険者が亡くなったときに、残された家族へ支給される公的年金の一種。ただし遺族年金を受け取るにはさまざまな条件があり、受け取れる金額も各家庭の状況によって異なる。

定期特約

○○歳までに亡くなったら△△万円が支払われるなど、一定の期間中に亡くなった場合に死亡保険が支払われる特約。

必要保障額

必要保障額　＝　**支出見込額**（残された家族に必要となるお金）

●生活費　●住居費
●教育費　●税金　など

キャッシュレス決済を上手に活用する

時代は現金主義からキャッシュレスへ

キャッシュレス決済は、日本でも以前から活用されてきました。例えば、クレジットカードやデビットカードをはじめとする銀行口座と連携した決算手法は、キャッシュレス決済サービスの草分けといえます。電子マネーもこの一例ですね。

また、電車に乗るときに使うSuicaやICOCAなどのを使ったキャッシュレス決済をする人も多いことでしょう。

日本では、欧米やアジアのキャッシュレス先進国に比べてキャッシュレス決済比率が低いのが事実。他方では、多くの人がクレジットカード、デビットカード、電子マネー、ポイントカード……など、多くのキャッシュレス決済手段を所有しています。これはいわば「宝の持ち腐れ」ともいえる状況かもしれません。

賢い消費も資産の運用と同じと考える

キャッシュレス決済では、カードやQRコード、通信を介して決済を行うため、あっという間に決済が完了するというところが最大の魅力です。

財布をカバンから取り出す、小銭を数える、おつりを受け取る……こうしたわずらわしい流れをすべて省くことができるのです。時間の短縮、手間の省略になるため、朝の忙しい時間やレジが混み合っているときなどにうれしいメリットです。

ネットショッピングの場合も、代引き手数料がかかったり、配達時間に合わせて家にいなければいけなかったりする現金取引に比べ、情報を入力するだけで決済が完了でき便利です。

また、カード会社やサービスによっては**決済した金額に応じてポイントが還元**されることも。そのポイントは、別の支払い時に利用することができるため、現金よりキャッシュレスの方が実は圧倒的にお得といえるでしょう。

その他にキャッシュレス決済の大きなメリットとなるのが、キャンペーンやクーポンです。

キャッシュレス決済でのポイント還元やキャンペーンポイントなどを、ただのお得と考えるのはもったいないです。有利な運用ができていると考えることも重要です。

キャッシュレス決済をはじめてみよう

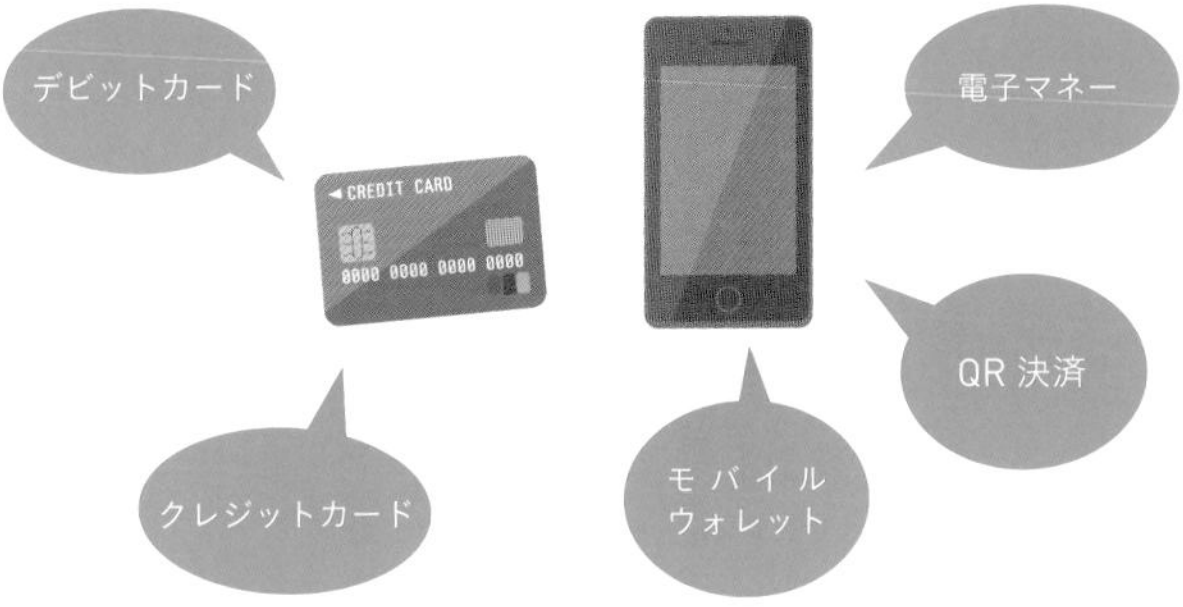

フリマアプリを活用する

アプリを使えば簡単に取引できる

自宅で眠っている使っていない家電やOA機器、これからも着ることがない服、読み終わった本などさまざまな不要なモノ。このまま家においていても「ただの不用品」です。

先行きが不安な世の中で、今少しでも多く持っておきたいのは「お金」。そこで活用したいのが、メルカリなどを代表とするフリマアプリです。**「ただの不用品」を「お金」に替える**わけです。すでに活用している人も多いとはず。知っていても使ったことがないという人は、アプリを入れるだけで始められますので、これを機会にフリマデビューしてみてはいかがでしょうか。

資産運用の土台として今日から挑戦できる

フリーマーケットに出向いて出品するのはハードルが高いもの。しかしアプリを使えば、スマホのカメラで写真を撮って必要事項を入力するだけですぐに出品できます。売れたら発送しますが、匿名で発送できるので、プライバシーを守って取引が可能です。さらに配送中の事故も条件が合えば保障されるので安心です。

売った代金で本書で紹介したさまざまな運用商品へ投資するのもいいですね。より安心な将来のために、積極的な資産運用に挑戦してみましょう。

有名アプリの比較

名称	形式	特徴
オススメ メルカリ	フリマ	●日本最大のフリマアプリ。ユーザー数が多いので売買しやすい ●フリマ初心者にもオススメ ●メルペイと連携している
手数料格安 ラクマ	フリマ	●メルカリより販売手数料が安い ●楽天ポイントが使える ●楽天ペイと連携している
老舗 ヤフオク！	オークション	●オークション形式のため出品した金額よりも高い金額で売れることがある ●フリマ出品（定額）も可能 ● PayPay と連携している
ハンドメイドに特化 minne	フリマ	●ハンドメイド作品の売買専門のフリマ

おつりで簡単投資

普段の生活のなかでできる簡単スマホ投資

今日の状況を考えて、今こそ投資を始めたいと思っているけれど、いきなり本格的に投資をするのは怖いと感じている人も多いのではないでしょうか。そんな人へおすすめなのが、**スマホを利用した「おつり投資アプリ」**です。

おつり投資アプリとは日々の買い物の端数を投資に回すというものです。金額を100円、500円、1000円からあらかじめ設定しておき、買い物をしたときに出る端数を貯めて、投資に充てます。

例えば150円の買い物をしたら、設定金額が100円の場合は50円、500円の場合は350円、1000円の場合は850円が投資に充てられます。百円玉、五百円玉、千円札で支払ったときにもらうおつりの額を投資すると考えるとわかりやすいでしょう。

貯まったおつりは月に1回自動的に引き落とされて投資されるので、誰でも簡単に積立投資を開始できます。

資産運用の基本の1つである「積立投資」は、毎月の収入から一定の金額を自動的に投資に回すこと。おのずとルールや縛りもできてしまうため、抵抗のある人もいるようです。しかしおつりは、買い物をしたときにほぼ毎回発生するもの。おつり投資なら意識せずに投資を始めることができるのではないでしょうか。

買い物のおつりを自動的に運用する

ポイントでお気軽投資

投資初心者の疑似体験におすすめ

ちょっと得した感じでうれしい、毎日の買い物でもらえるポイントサービス。最近では、キャッシュレス決済にあわせたサービスやキャンペーンもあり、通常より多くポイントが貯まる機会が増えています。

経済活動の先が見通せないときには、手持ちの資産を有効に活用することが必要です。そこで、今、注目されているのが、

ポイントを利用した投資です。貯まったポイントで株や投資信託へ投資できるサービスで、Tポイント、dポイント、楽天ポイントなど、多くのポイントで対応しています。

ポイント投資のメリットは、現金ではなくポイントを使うので、初めての人でも挑戦しやすい点。また、数百円といった金額（ポイント数）から始められるものもあるため、気軽に投資できます。ひと月の買い物で貯まったポイントを定期的に投資へ回す、といった利用方法もあります。

現金で投資する場合、買った株や投資信託の値が下がったらどうしよう、損をするのが怖い、などの不安感を持ってしまうことでしょう。しかし、ポイントだと、万が一のことがあっても、直接自分の資産が減るわけではありません。心理的なハードルが低く感じられるのでは？

主なポイント投資・運用の特徴

「ポイント投資」は、ポイントを現金化して投資し、最終的に現金で引き出すもの。一方、「ポイント運用」はポイントのままで運用し、ポイントを引き出すものという違いがある。

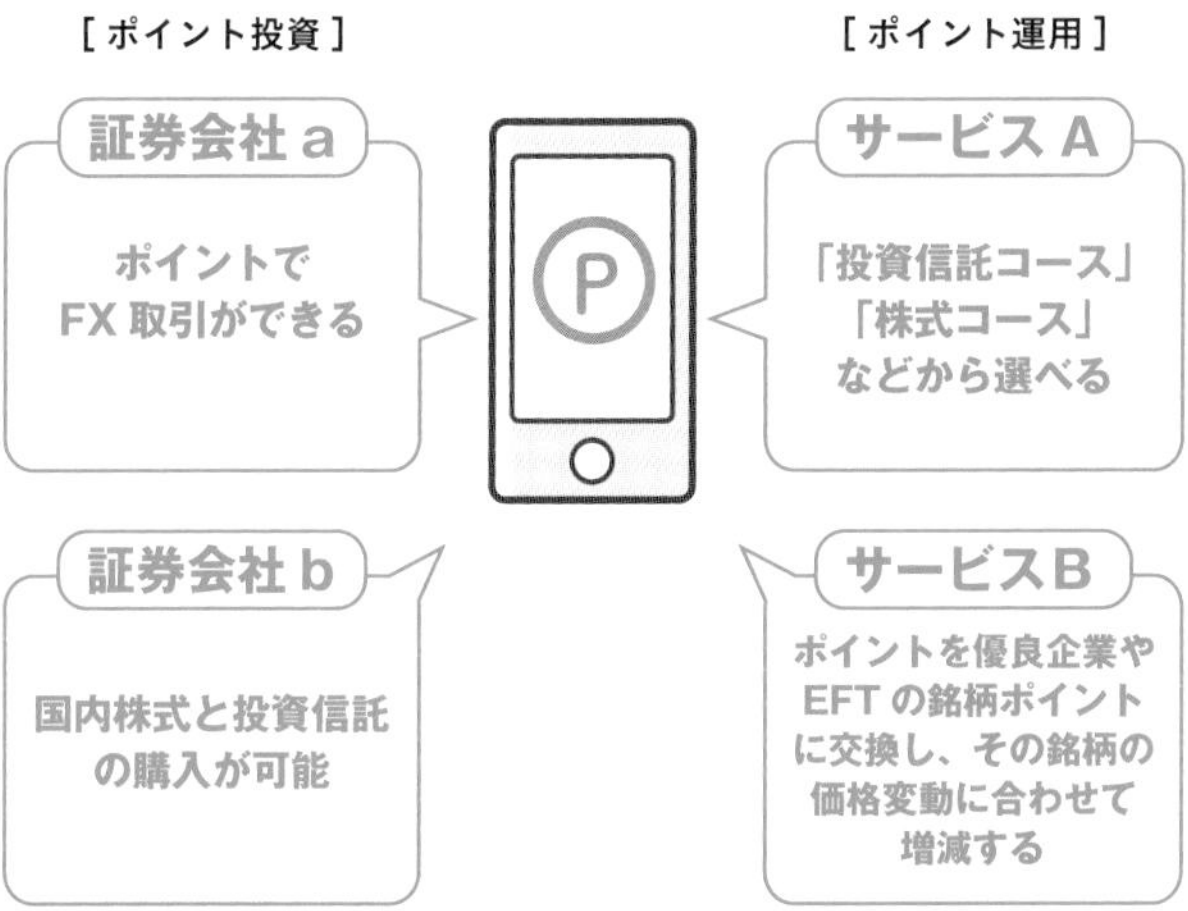
[ポイント投資]
[ポイント運用]
証券会社 a
ポイントで
FX 取引ができる
サービス A
「投資信託コース」
「株式コース」
などから選べる
証券会社 b
国内株式と投資信託
の購入が可能
サービスB
ポイントを優良企業や
EFT の銘柄ポイント
に交換し、その銘柄の
価格変動に合わせて
増減する

ポイント投資型とポイント運用型がある

ポイント投資には「ポイント投資型」と「ポイント運用型」の2つがあります。

ポイント投資型は、貯まったポイントを証券会社を通して現金化して、株や投資信託などの投資商品を購入します。**ポイントからの投資ですので元手（現金）がなくても始めることができます。**条件が合えば、配当や株主優待の権利を得ることもできます。

なお、取引にあたっては、証券会社の口座を開設する必要があります。また、手数料も必要となります。**少ない金額の取引では、通常の取引より手数料が割高になる場合があるので注意が必要です。**

もっとも気軽にできる資産運用体験

ポイント運用型は、ポイントを現金化せず、ポイントのままあらかじめ用意されたコースへ投資します。その商品の値動きにあわせてポイントが増減し、ポイントで引き出すことになります。

実際に金融商品を購入するわけではありませんので、証券会社の口座は不要です。手数料などもかかりません。投資はどういうものか知りたい人におすすめです。疑似体験や資産運用の勉強・準備としても利用できそうです。ある程度、運用に慣れてきたら、実際に金融商品の購入に挑戦してみるといいでしょう。

このように、ポイントも資産の一部と考えて運用して増やす、という姿勢が大切です。

投資型、運用型と選ぶことができて、自分の資産が直接的に減ることもないシステムです。まずは小額から、と思っている方は活用しない手はないでしょう。

ポイント投資の種類

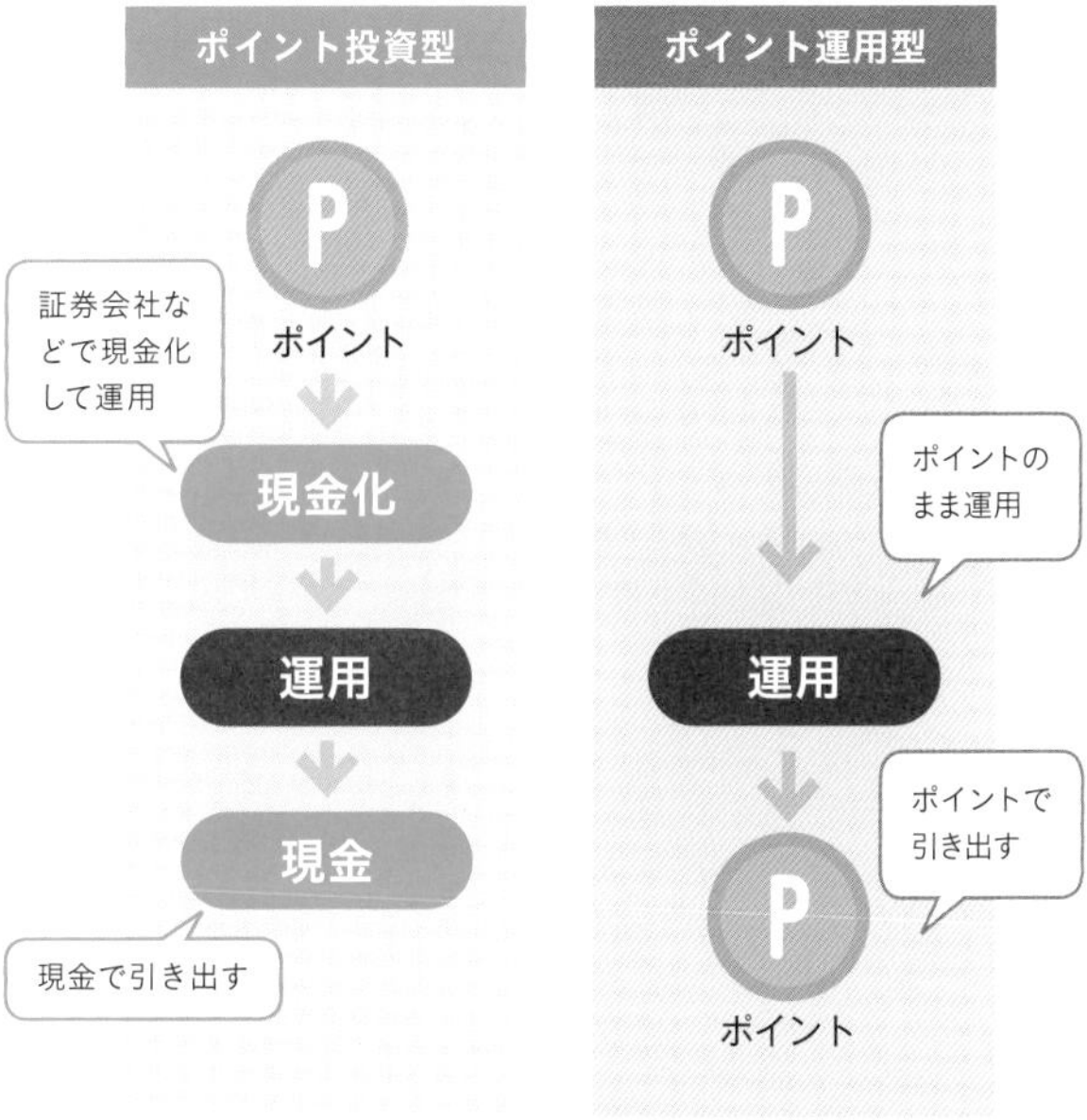
ポイント投資型
ポイント運用型
P
ポイント
証券会社などで現金化して運用
現金化
運用
現金
現金で引き出す
P
ポイント
ポイントのまま運用
運用
ポイントで引き出す
P
ポイント

Staff
Producer　齋藤敏夫
Editor　丸山美紀（アート・サプライ）
Art Director & designer　内藤真理、山崎恵（アート・サプライ）

※運用はあくまでご自分の責任で行ってください。
※本書の情報による損害についてはいかなる場合も発行元はその責任を負いません。
※本書の情報は発売当時（2023年4月現在）のものであり、お客様がご利用になるときには情報が異なっている場合がございます。

本書は『いまだからこそやっておこう！ 大事なお金を守るため・増やすための資産運用管理』（2020年6月／小社刊）、『どんどんお金を増やす！かしこい資産運用術 2020年版』（2020年2月／小社刊）の2冊を合本し、改題・再編集のうえ文庫化したものです。

マイナビ文庫

よくわかる資産運用入門

2023年4月30日　初版第1刷発行

発行者　角竹輝紀
発行所　株式会社マイナビ出版
〒101-0003 東京都千代田区一ツ橋2-6-3 一ツ橋ビル2F
TEL 0480-38-6872（注文専用ダイヤル）
TEL 03-3556-2731（販売）／TEL 03-3556-2735（編集）
E-mail pc-books@mynavi.jp
URL https://book.mynavi.jp

カバーデザイン　米谷テツヤ（PASS）
本文デザイン　珍田大悟（マイナビ出版）
印刷・製本　中央精版印刷株式会社

ISBN978-4-8399-8247-8
Printed in Japan

M Y N A V I　B U N K O

マンガでわかる！
マイホーム入門ガイド

アベナオミ 絵
百田なつき 編著

「そろそろマイホームが欲しいけど、何から始めればいいのかわからない……」という方に向けた一冊です。家を購入する前に知っておきたいダンドリや基礎知識、不安や疑問の解決法をマンガつきでやさしく＆楽しく解説。「5年前に一戸建てを購入！」「最近マンションを購入した」など、体験談を交えながら、理想のマイホームを購入するためのダンドリを学べます。

定価　1,078円（本体980円＋税10%）

M Y N A V I　B U N K O

住まいと暮らしのサイズダウン

柳澤智子 著

ものや家の広さ、従来の価値観や思い込みを手放す、暮らしのサイズダウン。サイズダウンをしてみたら、「維持費が安くなる」「家の選択肢が広がる」「家事の負担が少なくなる」……。そんな魅力がありました。10の家族の自分らしい“ものとの付き合い方”と、小さく暮らすサイズダウンのリアルをご紹介。住み替えを考えている方や、すぐには引っ越しをしないけれど、暮らしをサイズダウンしていきたい方に贈る、新しい暮らしの教科書です。

定価　1,078円（本体980円+税10%）

MYNAVI BUNKO

日本のふくもの図鑑

上大岡トメ，ふくもの隊 著

縁起がよくて、かわいくて、美しい「ふくもの＝縁起物」。だるま、招き猫、赤べこなどの有名なものから誰かに教えたくなるようなユニークなものまで日本全国の「ふくもの」と、それにまつわる童話などをかわいいイラストやマンガでたっぷりご紹介。日本文化のよさを再認識しながら、「ふくもの」を生活に取り入れてみませんか？

定価　968円（本体880円＋税10%）

M Y N A V I　B U N K O

1日1つ、手放すだけ。好きなモノとスッキリ暮らす

みしぇる 著

かさばりがちな食器、着ない服……。食器棚やクローゼットに眠っていませんか？　やらなきゃと思いつつ、つい面倒と感じてしまうモノの処分。モノを処分する習慣は、1日に1つモノを捨てるところから。まずは財布に入れたままのレシートから始めてOK！"捨てグセ"が身に着けば、スッキリとした気持ちの良い暮らしが手に入るかも。

定価　1,078円（本体980円＋税10%）

M Y N A V I B U N K O

大人の旅じたく

～心地よく、自分らしく旅をする～

柳沢小実 著

旅は準備しているときから楽しい！　国内をはじめ、ヨーロッパやアジアの数々の街を旅してきたエッセイストの柳沢小実さん。旅の計画の立て方、情報の集め方、個人旅行のススメ、パッキングの仕方、旅の持ちもの、旅先での洋服、お土産の選び方……。自分らしく、心地よい旅の楽しみ方のヒントが満載です。

定価　1,078円（本体980円＋税10％）